Lars To

Vi Ventet

Wir warteten

Nachrichtenbunker
"Fuchsbau"

Herausgeber: Fürstenwalder Kulturverein e.V. / Freundeskreis Museum
Friedrich Stachat / Florian Wilke
Originalausgabe/Eget Forlag: Vi Ventet, Oslo 1945
Übersetzung aus dem Norwegischen: Albrecht Eika, Oslo

Satz u. Gestaltung: Kathrin Steuer
Fotos: Atelier Arnhardt Fürstenwalde
Druck: Klingenberg Buchkunst Leipzig GmbH
Printed in Germany
ISBN 3–86155–080–6

Vorwort

Der "Fuchsbau" – ein Nachrichtenbunkersystem in den Rauener Bergen, begonnen im Zweiten Weltkrieg, erweitert und mit höchster Geheimhaltung umgeben als Zentraler Gefechtsstand der Luftraumüberwachung und Luftverteidigung im Warschauer Pakt, heute: nutzlos, leergeräumt, betonversiegelt.

Zu seinem Bau mußten Häftlinge aus dem KZ Sachsenhausen Sklavenarbeit leisten. Eine Gruppe von Norwegern arbeitete hier.

Odd Magnussen (Pseudonym: Lars To) schrieb und zeichnete heimlich ein Tagebuch. Der Teil seines daraus entstandenen Buches: "Vi ventet – Wir warteten", der vom "Fuchsbau" berichtet, liegt nun zum ersten Mal in deutscher Übersetzung vor. Magnussen hat nie eine künstlerische Ausbildung genossen. Um so beeindruckender sind seine Zeichnungen, tragisch und komisch, Naturstudien und Karikaturen zugleich.

Der Bericht von Lars To wurde ergänzt durch Angaben des Übersetzers und Mithäftlings Albrecht Eika, dem die Herausgeber zu großem Dank verpflichtet sind für seine intensive und selbstlose Unterstützung bei der Übersetzung, Textauswahl und Materialsuche.

Die Nachkriegsgeschichte des Bunkers und die Abbildungen der heute noch sichtbaren Reste des Lagers im Wald an der Autobahn A 12 haben wir angefügt.

Die Dokumentation der Gedenkfeier zum 8. Mai 1995 in Fürstenwalde und damit im Zusammenhang stehender Briefwechsel mit Herrn Eika haben wir in das Buch aufgenommen, um den Weg der Aufarbeitung von Geschichte und das von Generation zu Generation nötige Erinnern daran aufzuzeigen.

Wir danken der Stadtverwaltung Fürstenwalde und dem Kulturamt des Landkreises Oder-Spree für die Unterstützung bei der Drucklegung dieses Buches.

Fürstenwalde, April 1996

Friedrich Stachat

Florian Wilke

Aus dem Vorwort

des Autors Odd Magnussen (Pseudonym: Lars To)
für die norwegische Originalausgabe des Buchs
"Wir warteten!"

Für diesen Bericht habe ich Aufzeichnungen und Skizzen benutzt, die ich in norwegischen Gefängnissen und in den deutschen Lagern Bad Saarow, Sachsenhausen und Neuengamme gemacht hatte.

In der Zelle im Gefängnis von Oslo benutzte ich einen hölzernen Span und Toilettenpapier; beides konnte in die Freiheit geschmuggelt werden. Im nächsten Gefängnis gelang es mir, in den Besitz eines Bleistifts zu kommen. Die Skizzen aus dieser Zeit konnte ich in der Zelle hinter einer elektrischen Lampe an der Decke verstecken. Sie blieben im Versteck bis der Krieg zu Ende war.

Mein Tagebuch konnte ich in den deutschen Lagern weiter führen und als ich zu einem Arbeitskommando in ein Zeichenbüro überführt wurde, gab es gute Möglichkeiten für neue Skizzen.

Vielleicht waren meine Schreibarbeiten und Zeichnungen ein unvernünftig großes Risiko. Heute bin ich aber froh, daß ich es getan hatte. Die Papiere lagen immer in einer Tasche meines Unterhemdes und da waren sie zum Glück noch, als ich zum Ende des Krieges im schwedischen Hafen an Land ging...

Odd Magnussen

Reise nach Deutschland

Wir befinden uns im Häftlingslager Grini außerhalb von Oslo. Vor einigen Tagen ging ein Transport nach Deutschland, mehrere Hunderte wurden aufgerufen. Wir rechnen damit, daß wir vorläufig im Lager bleiben werden, und Weihnachten 1943 hier feiern können. Es sind ja weniger als drei Wochen bis Heiligabend.

Jetzt werden wir aber doch aufgerufen und mein Name ist dabei. Was ist los? "Transport nach Deutschland?" "Kaum!".

Gerüchte kommen von irgendwo. Das halbe Lager soll geleert werden, um Platz für neue Verhaftungen vorzubereiten. Mein Nachbar meint, wir werden zu einem norwegischen Militärlager überführt. Andere meinen, kleinere Lager werden vorbereitet, um unsere Arbeitskraft besser ausnutzen zu können.

Für mich haben sich die Verhältnisse in den letzten Wochen stark verbessert. Die Zeit der Haft mit Vernehmungen und Isolation in der Zelle ist vorbei. Im Häftlingslager wird es sich wohl auch nicht wiederholen. Hier treffe ich aber Menschen, mit denen ich sprechen kann, und wahrscheinlich wird es die üblen Vernehmungen nicht mehr geben. Wenn ich jetzt dazu in ein Arbeitslager kommen sollte, dann könnte ich mir im Augenblick nichts besseres wünschen. Denn für mich kann ja von Freilassung noch keine Rede sein.

Es ist schon spät am Abend. Seit dem Mittagessen haben wir nach dem Aufruf unsere zivilen Kleider ausgeliefert bekommen, waren beim Arzt. Wertsachen wie Uhren und Ringe bekamen wir auch zurück, ... und dauernd folgen neue Aufrufe.

Jetzt stehen wir Schlange die Treppe hinauf zu den SS–Büros. Jedesmal wenn eine neue Gruppe eingelassen ist, bewegt sich die Schlange einige Stufen auf der Treppe weiter. Die Hände greifen um das Geländer. Nach 8 bis 10 Stunden Wartezeit muß man sich stützen. Die Gesichter erzählen dasselbe.

Wenn auch nicht gesprochen wird, spürt man eine Art Zufriedenheit. Denn draußen ist es eisig kalt. Hier friert man wenigstens nicht, und man kann sich gegen irgend etwas stützen.

Ein Häftling kommt die Treppe hinauf und passiert mühselig die vielen Körper, die in der Treppe zusammengepreßt stehen. Es ist einer, der im Personalbüro arbeitet. Den ganzen Weg beantwortet er dieselbe Frage.

"Ich weiß nichts", sagt er. "Es wird aber überall von einem neuen Transport nach Deutschland gesprochen".

Langsam gehe ich zur Baracke zurück. Es ist kalt, dunkel und sehr glatt auf dem Eis. Vorsichtig stolpere ich auf meinen Holzschuhen, die Arme halbwegs ausgestreckt, dauernd auf ein Ausrutschen vorbereitet.

Ich überlege mir, was mitzunehmen ist, wenn heute Nacht schon ein Transport geht. Besonderes wichtig sind meine guten, warmen Unterkleider. Vielleicht kann ich auch eine Wolldecke unter der Jacke verstecken.

Ich merke, daß ich halblaut murmele, während ich meinen Weg zur Baracke 2 finde. 'Du mußt verstehen, daß du nicht durch Zufall in diese Baracke gesteckt wurdest, die von einem eigenen Zaun aus Stacheldraht umgeben ist.

Vergiß auch nicht, daß deine Häftlingskleider mit einem gelben Dreieck vorn und hinten versehen sind. Wärst du etwas vernünftiger gewesen, hättest du deine ersten Tage im Lager benutzt, um dir warme Kleider zu beschaffen. Es wird wenigstens einen Monat dauern, bis du ein Paket mit besseren Kleidungsstücken von zu Hause bekommst. Lieber Idiot, überlege es dir. Kleider werden außerordentlich wichtig sein, wenn es nach Deutschland gehen sollte.'

Meine Holzschuhe klappern gewaltig gegen die Eisenplatten des Schiffsdecks. Die anderen haben alle gewöhnliche Lederschuhe an. Ich fühle aber, daß ich besser dran bin, denn meine hölzernen Sohlen isolieren besser gegen die Kälte. Ich freue mich auch über die Wolldecke, die guten Unterkleider, den Mantel und die Wollmütze, die ich die letzte Stunde vor dem Abmarsch von den Kameraden bekam. Es ist zwei Uhr.

Ich fühle eine kindliche Freude an der Uhr. Anderthalb Jahre in der Zelle sind vergangen, seit ich sie das letzte Mal umhatte.

Jetzt beobachte ich die Umgebung. Schiff und Kai sind von Scheinwerfern beleuchtet. Nicht weit entfernt ahne ich die Umrisse des großen Rathauses. Da hinten liegen das Nationaltheater und der Ullevalweg.

In meinen Gedanken folge ich ihm, bis zur kleinen Nebenstraße. Da liegt das Haus. Im ersten Stock – sie hat eine so merkwürdige Art, sich zusammenzurollen wenn sie schläft. Da, genau da, liegt Nina jetzt und schläft. Sie lächelt, denn gestern bekam sie einen Brief vom Lager, den ersten nach anderthalb Jahren.

"Jetzt passieren wir Moss."

Ich schaue mir den Mann an, der redet. "Wie kannst du das wissen? Alle Öffnungen sind ja geschlossen."

Der Mann zeigt nur auf seine Uhr. Er kennt die Abstände. Ich denke an meinem Freund Leif, der da wohnt, nur einige hundert Meter von mir entfernt. Ja, wir haben viele nette Abende dort verbracht. Jetzt liegst du im Bett neben deiner süßen Frau. Und neben euch liegt eure große Freude, dein kleines Mädchen, das ich noch nicht gesehen habe. Morgen wirst du wieder zur Arbeit gehen – wie gewöhnlich.

Vorsichtig krieche ich vom Regal, auf dem ich schlafen soll. Der Rettungsgürtel hindert die Bewegungen. Es ist schwierig, die vielen Männer zu passieren, die überall stehen oder liegen. Verdammter Rettungsgürtel! En hat keinen. Denn wir sind ja im Lastraum eingesperrt. Und von früheren Havarien wissen wir, daß keiner sich in der Situation um die Feinde des deutschen Volkes kümmern würde.

Das Schiff ist voll von gefangenen Landsleuten. Etwa vierhundert Studenten wurden im Herbst eingesperrt, weil sie es abgelehnt hatten, Mitglieder der nazistischen Studentenunion zu werden. Deshalb wurden sie als mögliche Organisatoren des zivilen und militärischen Widerstands eingestuft. Diese Studenten waren im hinteren Lastraum.

Es war auch eine Gruppe von Polizeileuten an Bord. Auch die hatten gegen die Regeln der Besatzung nicht verstoßen, wurden aber als politisch unzuverlässig behandelt. Weder Studenten noch Polizisten waren also Häftlinge, sondern konnten als Internierte bezeichnet werden.

In unserem Lastraum ist die freie Höhe recht gering und es gibt Platz für nur zwei Kojen übereinander. Es gibt außerdem nicht für jeden einen Platz. Auf dem untersten Deck liegt ein riesiger Haufen mit Stroh. Er sieht wie ein Ameisenhaufen aus. Denn überall kriechen Männer herum und versuchen, es sich irgendwie bequemer zu machen.

Wir merken die Bewegungen des Wassers auf der Außenseite der eisernen Platten. Wie wäre es aber mit einem Loch in diesen Platten?

Ich greife um meinen Rettungsgürtel und gehe zu meiner Koje zurück.

Das eintönige Getöse von der Maschine hat mich doch schläfrig gemacht, jetzt will ich ausruhen. Die Reise ist nicht gerade angenehm. Alles geht aber ruhig vor sich, es wirkt wie eine Pause zwischen zwei Akten im Theater.

Ein Mann kommt und fragt nach Freiwilligen für's Kartoffelschälen. "Wir bekommen so viele wie wir wollen, wenn wir sie nur schälen. Kommt also!"

Einige Männer melden sich und stoßen dauernd gegen meine Füße. Ich will aber lieber schlafen...

Kalte Luft strömt gegen mich. Wahrscheinlich habe ich es lange gemerkt, war aber noch nicht ganz wach. Jetzt wird es als eine Tatsache registriert. Mein Nachbar ist auch wach geworden und bemerkt: "Ich glaube, wir dürfen jetzt auf Deck".

"Auf Deck?", ich bin plötzlich ganz wach.

"Es wäre schön, sich die Landschaft anzuschauen, wenn wir so eine Touristenreise mitmachen."

Wieder muß ich den schwierigen Weg mit meinen Holzschuhen entlang klettern und stolpern. Das Schiff rollt etwas und macht meine Bewegungen noch schwieriger.

Ich komme durch den Raum wo das Essen zubereitet wird. Alle sind guter Laune. Es riecht gut, wir sprechen mit den Posten, die nett wirken und sich durchaus gut benehmen. Einige SS–Leute sind auch an Bord. Es ist aber ganz deutlich, daß sie hier kein Kommando haben. Die Kriegsmarine bestimmt hier, und sie wirkt korrekt. Ein Matrose gibt uns sogar den Bestimmungsort, der sei Stettin.

Ich klettere die Treppe hinauf und komme auf das Deck. So sieht also das berüchtigte Gefangenenschiff "Donau" aus.

Vorn auf beiden Seiten stehen Kanonen. Sie zeigen gegen den Himmel, scheinen feindliche Flugzeuge zu erwarten. Auf beiden Seiten der Brükke stehen auch Kanonen – können die vielleicht gegen uns gerichtet werden? Überall sehen wir Matrosen in riesigen Schafspelzen. Sie sind an uns Häftlingen überhaupt nicht interessiert. Abgesehen von einem langen, niedrigen Abort die Reling entlang, ist hier nichts anders als an einem gewöhnlichen Schiff eines kriegsführenden Landes.

Auf der Backbordseite des Schiffes sehen wir den schwachen Umriß von nackten Inseln und höhere Berge dahinter. Ein Land frei von Krieg und

Deutschen. Wir sehen auch einige kleine Fischerboote. Die haben es gut!

"Darf man hier auf Deck weiter gehen?", ich frage einen Mann der an der Reling steht.

"Ja, wenn man mit dem Mittagessen zu tun hat."

Ich bestätige und gehe so zielbewußt weiter, daß der Posten nicht eingreift. Ich komme zu einer Art Haus, aus Brettern gemacht und mit Teerpappe gedeckt. Durch die offene Tür sehe ich Häftlinge mit großen Fleischstücken, Kartoffeln, Gemüse und großen Kesseln. Es wirkt ganz überirdisch, riecht aber gut. Nicht übel...

Ich treffe Studenten, die einige Monate in einem Lager in Norwegen verbracht haben. Jetzt sollen sie ihre "Studien" in Deutschland fortsetzen. Wir unterhalten uns über die tieferen Ursachen dieser Reise. Einige der norwegischen Polizisten kommen auch zu unserer kleinen Gruppe. Alles atmet Ruhe. Kein Schreien und Schimpfen wie wir es gewohnt sind. Die deutsche Besatzung behandelt uns tatsächlich wie Menschen. Das Eintopfgericht, das man uns gibt, schmeckt genau so gut, wie es riecht.

Ich entdecke, daß wir in einem Geleitzug sind. Drei Frachter gehören noch zu unserem Schiffskonvoi. Über dem einen hängt ein Sperrballon. Zwei kleinere Kriegsschiffe folgen auf jeder Seite.

Nun liegen wir aber still. Das hatte sich nach Passieren der dänischen Gewässer mehrmals wiederholt. Es befinden sich vielleicht feindliche Flugzeuge vor uns, oder man denkt an die Minengefahr.

Jeder Häftling bekommt ein ganzes Brot, wahrscheinlich Versorgung für die weitere Reise. Wieder anständig von deutscher Seite. Oder ist es ein "Gruß" von der Kriegsmarine, weil sie weiß, was auf uns wartet?

Das Schiff ist jetzt auf der Oder, wir betrachten die Ufer mit einigen Bäumen, hier und da ein Haus. Der erste Blick auf das Land, dessen Einwohner unser eigenes Land besetzt und uns in Ketten gelegt haben.

Geschwader nach Geschwader von Kampfflugzeugen fliegen am Himmel. Wir beobachten die Stadt, der wir uns nähern. Da gibt es Kais mit

U–Booten und anderen Kriegsschiffen. Lagerhäuser stehen da, aber keine Ruinen von zerbombten Stadtteilen. Wir sehen nicht einmal eine zerschlagene Fensterscheibe. Stimmt es denn nicht, was der englische Rundfunk von den enormen Zerstörungen berichtet hatte?

Dann sehen wir eine SS–Abteilung auf dem Kai und damit das Ziel der Seereise. Hinter ihnen eine Reihe von Güterwagen, offenbar für uns vorgesehen. Wohin werden sie uns bringen?

Eine Eisenbahnreise

Mit viel Krach wird die riesige Tür zugeschoben, und es ist plötzlich ganz dunkel. Wir hören, daß sie auch verschlossen wird.

"Ja, ja. Dann sind wir also so weit." Eine Stimme bestätigt diese einfache Tatsache.

Wir stehen alle, und fühlen uns zusammengepreßt. "Wie weit kam der liebe Mann mit seinen Zählungen?"

"Wir sind 73", wird es von der Türseite geantwortet.

"73 Männer in einem Kuhwagen! Wir sind der Beweis dafür, daß das wirklich möglich ist. 74 wäre aber eine Unmöglichkeit." Eine neue Stimme im Dunkel: "Was für einen Sinn hat dieses Argument? Denn man kann uns doch aber so nicht transportieren!"

"Wir müssen nur warten, dann wird wohl wieder geöffnet. Bis dahin müssen wir uns einrichten", bemerkt ein anderer.

"Einrichten? Wir können doch nicht einmal die Arme bewegen," ruft ein dritter. Ein Streichholz wird angezündet. "Guck an der Decke nach, ob es da Nägel oder etwas anderes gibt, wo wir unser Gepäck anhängen können". Es ist der Mann mit dem Streichholz, der spricht. Zwischen uns, über und unter den Füßen liegen Schachteln und Schlafsäcke, die wir vom Lager in Norwegen mitbekommen haben. Die Schachteln mit unseren armseligen Sachen sind schon ziemlich mitgenommen.

"Hier ist eine ganze Reihe von feinen Haken" wird im Dunkeln gemeldet.

"Genau so auch an der anderen Wand", hören wir.

Wir fangen an, um uns herum zu tasten, finden einen Strick oder einen

Riemen, und mit Hilfe von den Kameraden werden die Gegenstände gehoben und weiter geschickt. Es wird gestöhnt und geflucht. Unsere Lage verbessert sich aber langsam.

"Wo ist der Mann mit den Streichhölzern? Ich glaube, es ist hier eine Klappe hoch oben an der Wand. Vielleicht kann man sie öffnen."

Nach mehreren Versuchen strömt plötzlich ein schwaches Licht in den Raum. Wir merken auch frische Luft, die jetzt dringend notwendig geworden ist.

Ganz langsam hebe ich meinen linken Arm, der zwischen zwei Körpern fest eingepreßt ist. Endlich ist er frei, und ich sehe, daß es fünf Uhr ist. Wurden wir gegen vier Uhr eingeschlossen?

Bald verschwindet das letzte Tageslicht, und der Raum ist wieder ganz dunkel.

Ich verschiebe das Körpergewicht abwechselnd vom rechten auf den linken Fuß. Wie lange werden wir wohl so stehen müssen, mit Nase und Mund gegen den Vordermann? Der Mann auf meiner linken Seite atmet mir ins Gesicht.

Also drehe ich den Kopf nach rechts. Nach zehn Minuten ist der Hals aber so steif geworden, daß ich mich mit dem Atem von links doch abfinden muß.

"Na, Kerle, so geht es nicht". Es ist der Mann mit den Streichhölzern, der wieder spricht. "Wir müssen etwas machen."

"Nein, immer mit der Ruhe!" Eine hitzige Stimme bricht ein. In so einer hoffnungslosen Situation ist nichts zu tun. Und im Augenblick stehen wir ja verhältnismäßig gut."

Er wird von einer neuen Stimme unterbrochen, "...glaube ich nicht, daß es möglich ist, allen eine Sitzmöglichkeit zu verschaffen. Und hier müssen wir ja bald rauskommen."

Es ist wieder ruhig geworden. Jedes Gespräch wirkt ohne Inhalt, wenn man sich nicht mit der Möglichkeit befaßt, wie es möglich sein soll, daß alle sitzen. Das Thema ist aber zu aufregend, und bringt Feindschaft in den Raum und unter uns.

"Um Gottes Willen, so kann es nicht weitergehen!" Es ist wieder der Mann mit den Streichhölzern. Eine Antwort kommt aber nicht. "Ich meine, wir müssen etwas versuchen", fährt er fort. "Wenn sich der Zug – gegen alle Erwartung – in Bewegung setzen sollte, wird alles noch schwieriger. Ich schlage vor, die eine Hälfte von uns rückt noch mehr zusammen, vielleicht kann die andere Hälfte dann auf dem Fußboden sitzen. Dann können wir jede halbe Stunde wechseln."

Eine tiefe, sichere Stimme bricht ein: "Wenn dies gehen soll, müssen wir möglichst viel Rücksicht aufeinander nehmen. Jeder muß Verantwortung für die anderen fühlen. Panik darf nicht entstehen. Seid mit allen Äußerungen vorsichtig. Es ist vernünftig, eine Ordnung für den Aufenthalt im Wagen jetzt sofort zu finden."

Er wird von einem kräftigen Stoß gegen unseren Wagen abgebrochen. Er rollt ganz wenig, dann hören wir das Pfeifen von einer Lokomotive.

"Es scheint mir, daß wir alle doch in diesem Wagen fahren werden", geht die tiefe Stimme weiter. "Ich glaube, ich habe einen besseren Vorschlag. Alle Männer an der Querwand im Wagen setzen sich mit dem Rücken gegen die Wand. Spreizt die Beine. Der nächste setzt sich zwischen die Beine, und so geht es weiter."

Während er spricht, hat sich der Zug in Bewegung gesetzt. Der Wagen schlingert und schüttelt, während 73 Mann versuchen, für alle einen Sitzplatz zu machen. Streichholz nach Streichholz leuchten auf die vier Reihen mit Männern auf dem Fußboden. Das Bild erinnert an Heringe in einer Dose. Trotz des Elends lachen einige, es ist zu komisch.

In den Reihen kommen aber Proteste. "Es geht nicht so, mir tun die Beine weh..." "Mich packt ein Krampf!"

Wer sich noch nicht hingesetzt hat, protestiert auch. "Wir müssen es versuchen. Biegt und streckt die Beine, dann kommt kein Krampf."

Die ganze Versammlung brüllt auf zu dieser letzten Bemerkung. Im Licht vom Streichholz deuten die Männer auf ihre Knie. Die Beine sind alle fest verschlossen, keiner kann sich rühren. Es geht einfach nicht.

Der Zug verliert langsam an Geschwindigkeit, und steht dann wieder ganz still. Der Versuch mit dem Sitzen ging nicht, außerdem ist jemand an der Tür, sie öffnet sich ganz langsam.

Draußen ist es dunkel, hinter mir fragt einer ganz vorsichtig: "Was ist jetzt los?" Zwei SS Männer mit einer Lampe brüllen "Verdammtes Schwein – kannst du nicht festhalten?" Der Mann hält einen Ballen mit Stroh, und versucht ihn, in den Wagen zu schieben. Da stehen aber die vielen Beine im Wege.

"Da kommt schönes Stroh für mein Bett," sage ich zum Nachbarn. Jetzt werden wir uns richtig gemütlich einrichten können."

"Verdammter Drecksack", schreit der Mann draußen.

Verzweifelt halten die Männer in der Türöffnung den Ballen, für den aber im Wagen kein Platz ist. Sie sehen aber ganz klar, daß verlangt wird, daß das Stroh mitfahren soll. Endlich gelingt es, den Ballen auf die Schultern von zwei Kameraden zu bekommen. Während die Schiebetür langsam wieder geschlossen wird, und das Schimpfen draußen langsam schwächer wird, verteilen wir das Stroh über den ganzen Fußboden. Jetzt wird aber die Luft mit Staub gefüllt. Augen, Nase, Mund und Hals sind plötzlich voll von dem trockenen Elend, wir husten und versuchen, uns gegen das Stroh zu schützen.

Jetzt ist es wahr geworden: Wir bleiben in diesem Wagen, alle 73, wenigstens die ganze Nacht über.

Ich habe keine Ahnung, wie oft ich eingeschlafen bin, und wieder aufwachte. Wir müssen schon viele Stunden unterwegs gewesen sein. Ist es bald Morgen?

Ich würde gerne wissen, wie spät es ist. Das ist aber nicht möglich. Hier oben wo meine Arme sind, liegen zwei Männer und hindern ede Bewegung. Weiß Gott, wie viele über meinen Beinen liegen. Jedes Mal wenn ein Streichholz gezündet wird, versuche ich, meine Lage zu beobachten. Die zwei obersten Männer machen das aber unmöglich.

Mein Kopf ist frei, wenn ich ihn

auch kaum bewegen kann. Die Beine schmerzen sehr. Am schlimmsten ist ein Hacken, der gegen mein Schienbein drückt. Mit großen Anstrengungen gelingt es mir endlich, mein Bein so weit zu drehen, daß der Druck des Hackens schwindet.

Jetzt drückt er aber gegen die Wade. Die neue Lage wirkt trotzdem angenehmer, denn gesperrte Adern lassen das Blut wieder passieren, ich fühle ein seliges Wohlsein. Das wird aber kaum länger als zehn Minuten dauern, und in der Zeit muß ich versuchen, ganz schnell wieder einzuschlafen.

Ich muß eine längere Zeit schon wach gewesen sein. Wenigstens habe ich Schmerzen im Rücken gefühlt. Ich muß mich daher wieder versuchen zu drehen, schaffe es aber zuerst nicht. Vorsichtig stoße ich den Fuß gegen irgend jemanden, während ich versuche, den Kopf zu heben. Es geht. Plötzlich ist die Schulter frei. Wenn ich eine Zeit so liegen kann, wird der Mann über mir langsam heruntergleiten, so daß ich seinen Platz bekomme. Jetzt habe ich es geschafft, habe die bisher beste Position bekommen. Dann kommt der Schlaf.

Etwas Warmes tropft auf mein Gesicht. Ich drehe es, und wische es gegen mein "Kopfkissen", ein Hosenbein. Es ist aber schon naß.

Mein "Kopfkissen" sitzt gegen die Wand, und der Besitzer hat die Arme frei. Die werden benutzt, um einen Stiefel direkt über mein Gesicht zu frachten.

Immer wieder geht der Stiefel zur kleinen Öffnung in der Wand, wo er geleert wird.

Anfangs war man vorsichtig und leuchtete mit einem Streichholz während des Transportes. So langsam bekommen die Männer so viel Übung, daß sie glauben, es geht auch im Dunkeln. Dann schwappt etwas über, das wird aber nicht so ernst genommen.

Es wird Tag, draußen scheint es aber neblig zu sein. Das Licht von der kleinen Öffnung ist so schwach und grau. Einige Männer stehen da, wie Motten um eine Lampe.

Ich versuche mich aufzurichten. Mein "Kopfkissen" von heute Nacht ist weiter nach unten gerutscht, mit einigen Anstrengungen komme ich zu einer Sitzstellung mit dem Rücken gegen eine Wand. Wenn ich so weiter arbeite, bekomme ich vielleicht beide Arme frei. Die menschliche Masse ist in dauernder Bewegung. Alle haben irgendwie den Kopf frei, alle versuchen die ganze Zeit eine Position zu finden, wo das Blut frei durch die Adern fließen kann.

Es ist 16.00 Uhr geworden. Dann sind wir 24 Stunden hier im Wagen gewesen. Wie lange soll es noch dauern?

Die Verhältnisse sind übrigens etwas besser geworden. Dank des Lichtes und der Erfahrungen haben sämtliche 73 eine gewisse Technik gelernt, dauernd neue Positionen zu finden, die den Blutlauf nicht stören. Wer mit dem Rücken gegen die Wand sitzt, hat es am besten. Jetzt sitzen mehrere und kauen das Brot vom Schiff.

Selber habe ich keinen Appetit, nur einen furchtbaren Durst. Wahrscheinlich wird er durch den Staub vom Stroh verstärkt. Vielleicht geht es mir besser, wenn ich auch etwas kaue.

Ich überlege, wie ich das Problem lösen kann. Mein Brot liegt im Päckchen, das dort an der Wand hängt. Es sind mehr als 30 Stunden seit dem Zeitpunkt, wo ich das letzte Mal Essen im Mund hatte. Wer weiß, wann die nächste Möglichkeit kommt.

Schließlich war es mir gelungen, in den Besitz des Brotes zu kommen. Ich betrachte die schmutzigen Hände, die es halten. Sie riechen nach dem Inhalt des Stiefels, das sind im Augenblick aber Kleinigkeiten.

Ich schaue zur kleinen Öffnung. Da steht eine kleine Gruppe, die gerade jetzt an Durchfall leidet. Das macht aber auch nichts, ich kaue ruhig weiter.

Wir sind angekommen!

"Es steht 'Sachsenhausen' am Stationsgebäude", meldet jemand, der an der Luke steht. Eine schwache Lampe hat es ihm ermöglicht, das Schild zu lesen.

'Es ist also Sachsenhausen, das Konzentrationslager bei Oranienburg', sage ich zu mir. Alle hatten von diesem Lager mehr oder weniger bereits gehört. Es sollen schon etwas mehr als 2.000 Norweger da sein.

"Wie spät ist es?", fragt einer.

Ich versuche die Zeiger an meiner Armbanduhr zu deuten. "Es ist zwanzig Uhr", erwidere ich. "Das bedeutet, daß 28 Stunden vergangen sind, nachdem wir eingeschlossen worden waren."

Eine witzigere Erläuterung wäre jetzt besser gewesen, aber im Augenblick fehlt mir die geistige Kraft für eine solche Formulierung. Die 28 Stunden haben das Gehirn ganz mürbe gemacht. Jetzt müßte aber der höllische Zustand endlich vorüber sein.

"Was haben wohl die Männer im Lager für uns vorbereitet? Denn sie wußten sicher schon, daß dieser große Transport kommen würde?"

Die verschiedensten Möglichkeiten werden hier im Dunkeln schon diskutiert.

"Ja, wenn wir zuerst Matratzen mit Stroh füllen müssen, bevor wir schlafen können, macht das nichts."

"Ja, ich freue mich schon auf den Schlaf. Ich bin so müde, und sehne mich nach einem Bett. Und dann werde ich schlafen, schlafen."

Der Mann, der sich eben äußerte, benimmt sich, als würde er den Sprung in ein Bett schon vorbereiten. Ein anderer dagegen, der einen Stiefel zur Verfügung gestellt hatte, hat den Rest der Schweinerei in das Stroh entleert. Jetzt zieht er ihn an.

Die Schiebetür wird zur Seite gerollt. Wir hören deutsche Rufe und die Männer beginnen, vom Wagen zu springen. Langsam leert sich der Wagenraum und der Druck zwischen den Hinteren nimmt spürbar ab.

Ich habe die Türöffnung erreicht. 4–5 SS–Leute laufen zwischen unseren Männern, die schon herabgesprungen waren hin und her. Ich sehe, daß Häftlinge aus allen Wagen springen. Und überall sehe ich weitere SS–Männer. Ich habe die Situation noch nicht verstanden, als mich einer von ihnen anschreit:

"Herunter!"

Betrifft es mich? Ich bereite den Sprung doch schon vor und springe.

Schon beim Auftreffen auf dem Boden, ist er aber schon da und trifft mit dem Gewehrkolben meinen Rükken, so daß ich sofort zusammenknicke.

"Bewegung, du alter Sack!"

Um Himmels willen – der Mann ist ja völlig verrückt! Bevor ich aufstehen kann, trifft mich auch noch sein Stiefel.

Ich krabbele auf allen vieren, komme auf die Füße und laufe.

Der Wahnsinnige folgt mir eine kurze Strecke, dann greift er einen anderen an, der hinter mir kommt. Immer wieder laufen die SS–Soldaten zwischen die Häftlinge, stoßen mit den Stiefeln, schlagen mit den Gewehrkolben.

Wir rennen vorwärts in einem Wirrwarr.

Irgendwie habe ich die Wolldecke und meine Schachtel bei mir behalten können. Der Bindfaden war zwar gerissen, aber ich konnte alles unter den Arm drücken, damit nichts verloren geht.

Ein anderer SS–Mann greift mich aber an, trifft mich hinten mit einem kräftigen Fußtritt und schlägt mir dann noch mit der Faust ins Gesicht.

'Das tust du nur, damit ich die Schachtel verlieren soll', sage ich zu mir, während ich versuche, dem nächsten Schlag zu entgehen und wegrenne. 'Du hast beobachtet, daß ich Schwierigkeiten hatte, du wirst die Schachtel aber nicht bekommen, du Schwein.' Dies ist hier die reinste Teufelei. Ich schloß zu den anderen auf, mußte die Schachtel nur besser unter den Arm drücken, während ich wie die anderen rannte...

Ich konnte aber bald nicht mehr!

Wir müssen mehrere Kilometer gerannt sein. Das Herz klopft so, als würde es bald zerspringen wollen, mir flimmert vor den Augen – ich darf aber nicht hinter den anderen zurückbleiben!

Ach, diese verdammte Wolldecke und die Schachtel!

Ich versuche, beides irgendwie auf die Schulter zu bugsieren, während ich renne. Es geht, so ist es leichter. Aber ich fange an zu straucheln. Hölzerne Schuhe eignen sich schlecht fürs Schnellaufen, und 1 1/2 Jahre Einsperrung in einer Zelle ist auch eine schlechte Vorbereitung für einen solchen Einsatz. Die Reise mit der Bahn verbesserte wohl auch nicht die Lage.

Wir rennen an einer Mauer entlang. Oben sehe ich Stacheldraht.

Es geht auf einer gepflasterten Straße weiter. "Zu fünfen aufgehen!"

"Kommt, fünf und fünf!" Die gejagten Häftlinge geben den Befehl auf norwegisch weiter, und alle machen ihr bestes, damit die Schlägerei aufhören kann. Ich komme neben vier andere.

"Takt – wechsle den Fuß!" Mein Nebenmann stöhnt, macht mich aber darauf aufmerksam, daß jetzt marschiert wird.

Die SS–Leute laufen neben der Kolonne, und passen auf, daß alles geradlinig wird.

Wir marschieren über einen Platz zu einem steinernen Haus.

Die Kerle sind alle todmüde, und die Schritte werden immer schwerer. Sie marschieren aber wie eine geübte Truppe – alles andere wäre ja wahnsinnig. Das haben wir jetzt verstanden.

Hygiene

Wir sind auf einen Platz gekommen, der die Form eines halben Zirkels hat. Im Licht von kräftigen Scheinwerfern sehen wir die Baracken ringsum. Alle mit den Giebeln zum Tor ausgerichtet. Auf jedem Giebel sind große Buchstaben geschrieben, die einen Wahlspruch bilden:

"Es gibt einen Weg zur Freiheit. Seine Meilensteine heißen: Gehorsam, Fleiß, Ehrlichkeit, Ordnung, Sauberkeit, Nüchternheit, Wahrhaftigkeit, Opfersinn und Liebe zum Vaterland".

Schöne Worte sind es, aber welche Bedeutung haben sie auf diesem Platz?

Die Straßen zwischen den Baracken gehen alle strahlenförmig vom selben Punkt aus, dem Tor – durch das wir gerade marschieren müssen.

Ich drehe mich um und werfe einen flüchtigen Blick zurück. Hoch oben über einer Wand erkenne ich eine Veranda, die mit einem Dach versehen ist. An der Abtraufe sind Scheinwerfer montiert, und hinter der Brüstung sehe ich etwas schwarzes..., ein schweres MG, das gegen uns gerichtet ist. Wieder beobachte ich die Baracken und die Straßen und erkenne, daß dieses MG jeden Teil des Lagers beherrschen kann.

Wir marschieren jetzt zu den Tönen eines Militärmarsches, die von mehreren großen Lautsprechern tönen. Und jetzt erst entdecke ich, daß die SS–Leute verschwunden sind.

Anstatt der SS–Leute drängen sich andere Männer vor, alle in gestreiften Häftlingsuniformen. An der Spitze der Kolonne zeigt uns einer den Weg. Andere gehen direkt auf uns zu, lächeln und wünschen uns willkommen. Es sind die Vertrauensmänner der Norweger im Lager, Aasebö und Mugaas. Sie fragen nach Nachrichten aus Norwegen. Wir wollen wissen, wie es alten Freunden geht, die diese Reise vor uns gemacht haben. Warnungen und gute Ratschläge bekommen wir auch gleich von den erfahrenen Lagerratten.

"Sollen wir hier wohnen?"

Endlich wieder schlafen – schlafen –. Voller Erwartung schauen wir gegen eine offene Tür, wo das Licht zu uns strömt.

Eine gewisse Unruhe wird in den Reihen merkbar.

"Bleibt stehen!", schreit jemand.

Aasebö wiederholt den Befehl und übersetzt ihn:

"Jeder muß auf seinem Platz in der Reihe stehen bleiben. Gepäck wird auf den Boden gesetzt!"

Gut, es wäre ja mehr als merkwürdig, wenn wir nicht etwas warten müßten. Ich versuche, meine Schachtel und meine Wolldecke so zu arrangieren, daß ich darauf sitzen kann. Die große Schachtel will aber nicht als Stuhl dienen. Die Sachen 'sickern' an allen Ecken durch. Ich selber bin nach dem zügigen Marsch etwas aufgeregt und abgekämpft, und habe den Bedarf, ein Weilchen sitzen zu können. Die Wolldecke liegt schon auf dem Boden, der gefroren ist, so daß Staub keine Rolle spielt.

Mehrere der Kerle holen sich eine Pfeife und Tabak aus der Tasche – es ist im Augenblick gar nicht so übel.

Wieder fällt das freundliche Licht durch die Tür. Männer kommen zu uns hinaus und stellen sich an die Spitze der Kolonne.

Endlich! Alle stehen auf, und die ersten bewegen sich gegen die Tür. Da steht ein Deutscher und läßt sie ein. Dann wird die Tür aber wieder geschlossen.

Dann kommt aber unser Mugaas. "Es wird nicht so schnell gehen", sagt er. "Ihr müßt so lange eben warten. Gruppen von zwanzig Mann werden jedesmal eingelassen. Alle werden desinfiziert, gebadet und müssen alle privaten Sachen abgeben."

Ich gehe zu meinem Sitz zurück, hole die Pfeife, warte.

Es ist 22 Uhr. Wie spät wird es sein, wenn ich durch die Tür schlüpfen kann? Ich zähle und finde zweihundert Mann vor mir, etwa hundert hinter mir...

Es fängt an, kalt zu werden. Die Erwärmung vom Marsch ist verschwunden. Der Schweiß in den Kleidern wirkt kühl und unangenehm. Es sind vielleicht nicht so viele Kältegrade, die Luft ist aber feucht. Die Witterung hier, nicht weit von einem See, ist recht rauh, wahrscheinlich eine der Ursachen der hohen Sterblichkeit im Lager.

Nein, ich muß schon besser aufpassen. Ich muß nicht hier sitzen und ganz steif werden und fange an, zwischen dem Gepäck auf und ab zu gehen.

Die Tür geht wieder auf! Zwanzig Mann kommen durch, dann wieder geschlossen, und wir warten weiter.

Ich fühle einen furchtbaren Durst und gehe die Baracke entlang auf der Suche nach einem Wasserhahn. Den gibt es aber nicht.

"Könnt Ihr mir sagen, wo es Wasser gibt?" Ich frage einen der erfahrenen Häftlinge.

Er schaut mich an. Anstatt direkt zu antworten, spricht er zu den Umherstehenden: "Hört her! Das Wasser im Lager darf unter keinen Umständen getrunken werden. Es ist sehr gefährlich!"

Um sicher zu sein, daß er verstanden wurde, fährt er fort: "Wir haben einige Fälle von Typhus, aber auch Phlegmonen und Scheißerei gehabt. Wenn Ihr das nicht glaubt, dann trinkt das Wasser. Dann ist aber der Weg zum Schornstein recht kurz."

"Schornstein?"

Der andere schaut ihn etwas traurig an, dann sagt er: "Ja, Schornstein: Krematorium".

Einen Augenblick ist es ganz still, dann kommt ganz vorsichtig noch eine Frage: "Hat das Lager ein eigenes Krematorium?"

"Was" – der Veteran macht eine kleine Pause, während er uns Neuankömmlinge anschaut. Dann sagt er ganz kurz: "Ja, es gibt hier im Lager ein Krematorium."

Es folgte eine Pause. Der Mann wollte offenbar noch etwas sagen, aber tat es doch nicht.

Ein Mann weit hinten bricht die Stille: "Was ist das, was Du Phlegmonen und Scheißerei nanntest?"

Einer der neu Angekommenen, der besser deutsch versteht, erklärt, was das bedeutet. Der Veteran unterbricht aber und erklärt ganz kurz:

"Scheißerei ist die am häufigsten vorkommende Krankheit im Lager. Während des Aufenthaltes werdet Ihr alles erleben."

Er lächelte freundlich und spricht weiter: "Der Ausdruck steht für alles: vom einfachen Durchfall bis zur schlimmsten Form von Ruhr. Sehr viele sterben daran, oder sie bekommen andere Krankheiten weil sie so entkräftet werden. Phlegmonen sind Geschwüre, die besonders unter den Armen und am Nacken entstehen. Man kann sie aber überall bekommen".

"Stirbt man daran?"

Der Veteran nickt. Er will offenbar nicht mehr darüber sprechen. Wahrscheinlich weil wir Neuankömmlinge sind?

Dann beendet er seine kleine Rede: "Also, kein Wasser vom Hahn. Morgens und abends bekommt ihr Suppe oder Kaffee–Ersatz. Das muß genügen".

Wir erzählen ihm von der langen Eisenbahnreise und dem staubigen Stroh.

Er zuckt nur die Achseln: "Wartet mit dem Trinken bis morgen früh."

Ich denke an den Durst, will daher mehr wissen und frage: "Ich habe aber gelernt, daß der Typhus nicht vom Wasser kommt, sondern von den Läusen übertragen wird."

"Ja, Typhus wird durch Läuse angesteckt. Mit dem Paratyphus ist es aber anders."

Die nächste Frage kommt dann ganz von selber: "Gibt es im Lager viele Läuse?"

"Weitgehenst bewältigen wir das Problem. Natürlich gibt es aber Läuse."

"Wenn Ihr diese Krankheiten schon habt, und auch Läuse, wäre es dann nicht besser, das ganze Lager durch den Desinfektionsprozeß zu fahren?"

"Du hast ohne Zweifel recht", ist die lakonische Antwort.

Es ist ein Uhr geworden. Ich kaue trockenes Brot, versuche den Durst zu vergessen – und warte. Das Brot kaue ich nur, weil diese Arbeit vielleicht etwas Wärme geben wird, und weil das Kauen verhindert, daß die Zähne klappern.

Wenn sich die Tür das nächste Mal öffnet, bin ich an der Reihe. Ich freue mich schon, mache Kniebeugen – und warte.

Wir gehen in einer Reihe in die Baracke. Es riecht nach Schweiß und Kleidern.

Aasebö ist da als Dolmetscher und erklärt uns dazu die Regeln des Lagers. Wir müssen uns ganz ausziehen; Kleider, Schlafsack und Wolldekke zu einem Bündel binden und alles an einem Tisch abliefern. Wertsachen wie Geld, Uhren und Ringe werden auf einen anderen Tisch gelegt, übrige Gegenstände auf einem dritten. Ganz nackt stehen wir dann in einer Reihe, nur mit einem Handtuch und etwas Seifenähnlichem in der Hand.

Aasebö erklärt uns, daß alles andere abgegeben werden muß, besonders vernünftig ist es, nicht nach Zahnbürsten oder Tabak zu fragen. Alle Gegenstände werden untersucht, und was wir behalten können, wird nach einigen Tagen ausgeliefert.

Auch hier im Ankunftsraum ist es kalt. Ich versuche Kniebeugen, hüpfe auf dem harten Fußboden. Das ist aber nicht so einfach, wenn man in einer langen Reihe steht.

Endlich gehe ich durch eine neue Tür, aber in einen Raum wo dauernd geschrien wird. "Los, los, Mensch". Man hat es offenbar eilig. Es wird auf einem Stuhl gedeutet. Das steht ein Kerl mit dem Haarschneider, und sofort geht es los. Nach zwei Minuten habe ich weniger Haare als ich bei der Geburt hatte. Ich befühle den Schädel, klar, daß ich ganz kahl geschoren bin. Das ist aber nicht alles. Jede übrige Sammlung von Haaren auf dem Körper verschwindet auch...

Dann geht es zur nächsten Stufe im Hygieneritual. Ein Mann sucht nach Läusen.

"Los! Fertig!" Ich stolpere zur nächsten Reihe mit nackten Männern. Dann geht es in einem Waschraum mit Duschen unter der Decke. Sofort kommt das Wasser, mit einer Temperatur zwischen kalt und lauwarm.

Nach fünf weiteren Minuten werden wir in einen neuen Raum geführt; da steht ein Mann mit einer großen Spritze. Er gibt uns überall eine Dusche mit einer Flüssigkeit die brennt, besonders wo wir früher Haare

AVLUSING

hatten. Die ganze Zeit werden wir aber gejagt, so daß für Empfindungen und kritisches Nachdenken wenig Zeit übrig bleibt.

Dann werden wir zu einem langen Tisch geführt. Da gibt man uns verschiedene Kleidungsstücke, und zuletzt märchenhafte Schuhe. Diese Beschreibung paßt ausgezeichnet. Denn sie sind aus einem Stück Holz geschnitzt. So etwas habe ich noch nie gesehen, nur im Märchen davon gelesen.

Zu der weiteren Ausrüstung gehören zwei blau- und graugestreifte Kleidungsstücke, unglaublich viel geflickt und abgenutzt. Es ist eine Jacke und ein Mantel. An beiden fehlen sämtliche Knöpfe. Eine Hose gehört auch dazu, hat den Schnitt einer Reithose und hat wahrscheinlich in irgend einer Armee gedient. Einige Kleidungsstücke aus einer Art Kunststoff sind dünn wie meine ausgewaschenen Taschentücher. Das ist das Unterzeug.

Jetzt fängt das Anziehen an, eine komische Szene für die Zuschauer, aber nicht für die Auftretenden. Die Halsöffnung des Hemdes geht bis unter den Bauch, und nichts um das ganze zusammenzubinden.

Die "Reithosen" reichen bis zur Wade und die Jacke ist zwei Nummern zu klein. Ich befühle den Stoff, und weiß, daß in einer Stunde der Rükken gerissen sein wird.

Wir haben schon Bescheid bekommen, daß am Tisch nicht getauscht wird. Wenn etwas nicht paßt, müssen wir unter uns tauschen. Fast alle hier im Raum sind größer als ich. Wer soll diese winzig kleine Jacke tragen können?

Ich bin auch zu zwei merkwürdigen Dingen gekommen, auch aus Zellstoff und mit einer Art Schnürsenkel ausgestattet. Ich frage meinen Nachbarn, was man damit anfangen kann.

"Strümpfe", murmelt er, ohne auf mich zu sehen. Aha, Strümpfe. Ich setze mich auf den Fußboden und ziehe die Dinge an. "Füßlinge" werden sie genannt. Der eine paßt. Dem anderen fehlt aber das Band, und er hängt wie ein Lappen am Fuß.

Jetzt stecke ich die Füße in die "Schuhe", ziehe den "Mantel" an, und bin bereit, den Raum zu verlassen. Aber nein, es fehlt noch etwas. Zuerst muß die Mütze aufgesetzt werden. Ich habe sie mir schon lange angeschaut, wagte es aber noch nicht, sie aufzusetzen.

Jetzt muß ich aber, und studiere die runde, geflickte Sache. Ich bin noch nicht ganz stumpf und gleichgültig geworden, versuche also, der Mütze einen richtigen Schwung zu geben. Es ist aber offenbar ein hoffnungsloser Fall.

Dann soll es losgehen.

Nein halt, dies muß vorsichtig gemacht werden. Ich sehe ja Kameraden, die ihre ersten Schritte im neuen Kostüm versuchen. Wie machen sie es, wie geht es, wie tut man es am besten?

Mit den Augen fest auf die Holzdinger, bewegen sie zunächst einen Fuß vor und ziehen ihn am Fußboden entlang. In der neuen Position finden sie zuerst das Gleichgewicht, dann schleppen sie den anderen Fuß hinterher, genau wie ein Anfänger beim Skilaufen.

Überall im Raum kratzt Holz gegen Beton, so etwas Tragigkomisches habe ich noch nie gesehen. Endlich habe ich genügend Mut, um einen Versuch zu machen. Trotz des Elends muß ich lachen. Ich erlebe etwas Neues, mache Erfahrungen, die ich hoffentlich einmal in der Zukunft in der Familie erzählen kann. Wird man uns aber glauben?

Kahl geschnitten, so daß die Köpfe wie Steckrüben aussehen, in den gestreiften Säcken, in allen möglichen und unmöglichen Hosen, so kurz daß die Waden hauptsächlich nackt sind, versuchen die Kerle wieder das Gehen zu lernen. Mit ernsten Gesichtern oder mit Verzweiflung schleppen sie die hohlen Hölzer mit sich.

Unter diesen merkwürdigen Erscheinungen ist es schwer, meinen Kumpel vom norwegischen Lager und von der Reise zu erkennen. Vor mir steht ein Mann, der mir so bekannt vorkommt, ohne daß ich erraten könnte, wer er ist. Er steht in den Holzschuhen – Holländer, wie wir sie nennen, und dreht die runde Mütze, als ob er wissen will, was vorn und hinten ist.

Plötzlich weiß ich es – es ist der Rechtsanwalt, der neben mir im Eisenbahnwagen war. Jetzt schaut er mich an. Der Blick sagt mir, daß er nichts an unserer Lage sieht, was den geringsten Tropfen Humor hätte. Er schüttelt nur den Kopf.

Langsam kommt bei mir ein Bedarf, andere zu trösten, um mich dadurch selber zu trösten. Und ich sage laut: "Dies ist natürlich eine Art von Badezeug, das wir nach dem Reinigungsprozeß bekommen haben. Die komischen Schuhe sind ja der beste Beweis dafür. Morgen bekommen wir anständige Kleider in der Baracke."

Der Rechtsanwalt sagt kein Wort, schaut mich an und nickt.

Plötzlich erkenne ich den Ernst unserer Lage. Ich verstehe etwas vom Blick des Mannes und seinem Benehmen. Mein Freund von der 35 Stunden langen Eisenbahnreise betrachtet mich als einen Fremden. Er hat mich nicht wiedererkannt. Und noch schlimmer. Er befindet sich in einem Zustand des Traumes, und ist nicht fähig, etwas zu tun. Wie eine Statue.

Es ist nicht die richtige Zeit zum Lachen. Ich versuche erste Schritte mit den Holländern an den Füßen.

Draußen hat es angefangen zu schneien. Jeder Anstrich von Humor ist verschwunden. Die Kälte beißt an dem nackten Teil der Waden. Die Schneeflocken tauen an der Haut, und das Wasser fließt in die Schuhe. Der scharfe Wind bläst durch die elende Kleidung.

Unsere kleine Gruppe bewegt sich langsam von der Empfangsbaracke. Trotzdem kommen einige nicht richtig mit, verstehen nicht, wie man sich mit den Holländern am besten bewegen sollte. Wie soll das weitergehen? Wie können wir der Lungenentzündung entweichen?

Ich versuche, die Brust mit den Armen zu schützen, während der Hals mit den Händen gedeckt wird. Der traurigste Aufzug, den ich jemals gesehen habe, stolpert durch die Winternacht. Einen hellen Punkt gibt es aber. Bald werden wir in der Baracke ankommen und ein warmes Bett finden. Dann wird das Elend beendet sein, und ich werde schlafen – schlafen – schlafen.

Der Wegweiser bleibt vor einer Barackentür stehen. Hier ist es! Er verschwindet, wir gehen rein und kommen in einen Raum mit einer neuen Tür auf der rechten Seite. Der erste Mann in der Reihe öffnet, will einsteigen, bleibt aber stehen. Die nächsten drängen nach vorne. Langsam verschwindet einer nach dem anderen durch die Tür.

Aber der ganze Fußboden im Raum ist bereits von Schlafenden besetzt. Sie liegen so dicht, daß man sich kaum vorwärts bewegen kann. Das sind die zweihundert, die vor uns bei der Ankunft standen.

Ein Mann steht an einer Tür im anderen Ende des Raumes. Er winkt uns zu sich und jeder bekommt eine Wolldecke. Ich schau mir meine an, dünn und so ausgenutzt, daß sie fast durchsichtig ist. Dazu hat sie Löcher, und sie wirkt fettig, wenn ich sie anfasse. Wahrscheinlich nie gewaschen. Der Mann schüttelt den Kopf, bedauert. Seinetwegen kann ich eine andere Decke im Haufen nehmen, sie ist aber kaum besser.

Und wo sollen wir schlafen?

Wo wir wollen. Der Mann breitet die Arme aus, die Baracke ist die unsere. Es liegt ein Bedauern in der Bewegung, er kann uns nichts besseres anbieten.

"Gibt es aber nicht doch noch einen weiteren Raum?" Ich deute auf die nächste Tür, die noch nicht geöffnet ist.

"Ja—a. Ihr könnt meinetwegen da liegen. Aber ..."

Schon sind wir da, finden aber keinen freien Platz. Es ist offenbar eine Art Lagerraum und eiskalt. Von Wand bis Wand und bis zur Decke sind Betten gestapelt. In der Mitte ist eine schmale Passage. Wir gehen noch einige Schritte und bleiben stehen.

Verdammte Kerle, die diese Baracke nicht in Ordnung bringen konnten bevor wir ankamen. Die meisten von uns sind schon zum ersten Raum zurückgegangen. Einige haben sich auf die Schlafenden gelegt, hoffen daß sie so weit zur Seite drücken können, damit neuer Platz entsteht. Viele bleiben stehen, wissen nicht, was sie anfangen sollen.

Die Zähne klappern. Der Raum schützt uns zwar gegen den Schnee und den Wind, es ist aber eisig kalt. Etwas müssen wir tun, und ich gehe zum Mann zurück, der uns die Decken ausgeliefert hatte.

"Wir können doch im Nachbarraum nicht liegen, es ist ja ein Lagerraum!"

"Lagerraum?" Der Mann schaut mich zuerst fragend an, dann kommt eine Art Lächeln.

"Wir müssen doch irgendwo schlafen können!"

Der Mann wirkt ganz unglücklich. "Wir haben den ganzen Tag gearbeitet, um Kleider, Wolldecken und das andere Zeug zu organisieren. Ich weiß natürlich, daß es ungenügend ist, es war aber das beste, was wir schaffen konnten. Wir hoffen, morgen noch etwas mehr bereitstellen zu können. Und vor allem – man hat uns Matratzen versprochen..."

"Hättet ihr aber wenigstens nicht die aufgestapelten Betten wegräumen können?", bemerke ich ärgerlich.

Die – Betten – wegräumen?" Der Mann schaut mich mit offenem Mund an...

Langsam verstehe ich, daß ich bisher nichts von unserer Lage in diesem

Lager verstanden habe. Ich mache kehrt und gehe zu den Betten zurück.

Ich studiere sie von neuem. Es ist kein Zweifel mehr. Sie sind gar nicht gestapelt, es soll so sein.

Es soll in jeder Koje nur 70 cm freie Höhe sein. Und sie sind so aufgestellt, daß man nur von der kurzen Seite hineinkriechen kann.

Wer eine Koje an der Wand hat, muß zuerst durch das Nachbarbett kriechen, und zwar in der Längsrichtung.

Ich klettere zur obersten Koje, natürlich ohne Leiter. Dann fängt das Kriechen an, ziemlich unangenehm weil die Matratzen fehlen, und die Bretter sind so dünn und schwach daß sich alles biegt. Einige sind zu kurz, fallen in die untere Koje und machen viel Krach dabei.

Ich krieche zur nächsten Koje. Da sind die Bretter dicker und kräftiger, schließlich recke ich mich – wie in einem richtigen Bett.

Ich versuche, die Mütze über die Ohren zu ziehen, sie ist aber viel zu klein. Den Mantel ziehe ich aus und lege ihn wie eine Decke über mich. Darüber kommt die leicht feuchte Decke, und ganz oben einige Bretter von den Nachbarkoje. Drei weitere Bretter bilden mein Kopfkissen.

Die Zähne klappern immer noch, so daß in meinem Ohren ein störendes Geräusch entsteht. Ich versuche, alle Muskeln so schlaff wie möglich zu halten. Denn in diesem Lärm vom Zähneklappern kann man ja nicht schlafen – schlafen...

Quarantäne

400 Männer sind vor der Baracke angetreten. Eine Stunde stehen wir schon. Eine weitere Stunde wird es dauern, bis das Tageslicht kommt.

Die lächerlich kleinen Kragen der gestreiften Mäntel sind hochgebogen – ein lächerlicher Versuch, der verhindern soll, daß der wirbelnde Schnee auf die nackte Brust kommt.

Wir versuchen, den Hals mit den nackten Händen zu schützen. Immer wieder müssen wir sie aber in die Taschen stecken oder versuchen, gegen die Fingerspitzen zu atmen.

Viele versuchen, mit leichten Kniebeugen sich gegen die Kälte zu bewegen. Die Füße dürfen aber nicht gehoben werden. Die Holzschuhe würden auf dem gefrorenen Boden einen zu großen Lärm machen.

Es ist keine gerade Linie mehr zu erkennen. Jeder steht zwar auf seinem richtigen Platz, bewegt sich aber am Ort.

Nein, nicht alle.

Einige stehen ganz still. Das Zittern verrät, daß Leben in ihnen ist. Sie versuchen nicht einmal, die nackte Haut an den Füßen zwischen Hose und hölzernen Schuhen zu reiben.

Die Kameraden schütteln sie, klopfen ihnen auf den Rücken, wollen, daß sie sich auch gegen die Kälte und Nässe irgendwie schützen, sich zusammenreißen. Sie wollen aber in Ruhe gelassen werden. Winter und Schnee spielen weiter mit ihnen.

Der Appell geht weiter.

Unser Blockältester ist gegangen, um die Belegschaft zu melden. Und wir warten.

Alle müssen auf ihrem Platz stehen, denn der SS–Mann kann noch kommen, um die Zahl zu überprüfen.

Alle schauen zum Tor und warten...

"Nie habe ich etwas so übles erlebt wie dies", sagt mein Seitenmann. "Nie, nie, auch nicht im Gefängnis zwischen den Vernehmungen."

Ich bin nicht imstande, ihm zu antworten. Es ist als ob das Zähneklappern zu Krämpfen in den Kiefern führt, und das dauernde Zittern wirkt wie fürchterlichste physische Schmerzen.

Ich versuche, den elenden Mantel vom Körper frei zu halten, damit sich eine isolierende Luftschicht bilden kann. Der eiskalte Wind bläst aber sofort hinein und füllt den Raum am Körper aus.

Es ist, als ob die Kälte auch die Lungen kühlt und das Innere des Körpers genauso gefühlslos macht wie die Haut.

Jeder Tag ist schlimmer als der vorherige. An jedem Tag bleibt der Blockälteste länger fort.

Mein Gott, wie ist es möglich, so weiter durchzuhalten? Alle Grenzen für das, was ein Mensch aushalten kann, sind längst schon passiert.

Alles was ich von Lungenentzündungen gehört habe, ist Unsinn. Hätte das gestimmt, wäre ich schon lange tot.

– Und die Nieren?

Ich fühle, wo sie liegen, eine auf jeder Seite unterhalb des Rückens – weil es wirkt, als würden sie sich gegen die Kälte zusammenziehen.

– Aber wo bleibt nur der Blockälteste?

Ich schaue weiter zum Tor im Zaun – und warte.

Alle haben den Kopf zum Tor gerichtet.

– Ich entdecke plötzlich, daß ich ganz still stehe, die Schultern zu den Ohren hochgezogen.

Wie lange habe ich schon so gestanden?

Raff dich zusammen, Junge!

Mit kläglichen, komischen Bewegungen versuche ich, die Füße nach einem Marschtakt zu bewegen. Das führt aber zu schlimmen Schmerzen im ganzen Körper, und ich habe das Gefühl, daß sich die Luft unter den Kleidern frei bewegen kann. Ich will mich aber nicht aufgeben! Ich will durchhalten! Die Füße müssen weiter laufen!

– Ich mache klägliche Bewegungen der Knie – es hilft aber alles nichts ... Der wunderbare Augenblick ist da – der Blockälteste kommt!

Jetzt wird ein neuer Befehl kommen.

Er ist eigentlich ein anständiger Kerl, dieser Blockälteste. Wenn der Appell zu Ende ist, läßt er uns in die Baracke abtreten.

"Stillgestanden!"

Alle stehen wie Stützen und warten –.

"Weggetreten!"

Alle machen kehrt um und bewegen sich gegen die Tür der Baracke. Es ist für diesmal überstanden.

Der Aufenthaltsraum ist geheizt. Es ist dem norwegischen Stubendienst gelungen, etwas Kohle zu organisieren. Andere Norweger im Lager haben Nahrungsmittel für uns gesammelt, sie konnten sogar einige Zigaretten zur Verfügung stellen. Mit Zigaretten gelang es auch, die Vorarbeiter zu bestechen, um Kohle zu besorgen und deren Transport zu ermöglichen. Der Ofen kann sogar den ganzen Tag warm gehalten werden.

– Langsam wird der Raum von der kläglichen Versammlung gefüllt. Alle versuchen, so dicht wie möglich an den Ofen zu gelangen.

Trotz des Frierens will ich mich etwas fernhalten. Denn einer der

Kameraden behauptet, daß nicht das Frieren krank machen würde, sondern der rasche Wechsel zwischen starker Frostluft im Freien und intensiver Hitze in einem Raum. Ich glaube, er hat recht und friere noch etwas neben der Eingangstür, ehe ich mich langsam dem Ofen nähere.

"Franz, der Blockälteste benimmt sich gut", sagt einer, der einfach anfängt, meinen Rücken zu reiben. "Er verlangt Diziplin in der Baracke, plagt uns aber nicht unnötig, um dies zu erreichen."

"Nein, meistens sind diese Blockältesten nicht so nett, daß sie uns mitten am Vormittag noch in die Bracken lassen. Die anderen norwegischen Häftlinge, die mit "Monte Rosa" im selben Geleitzug wie wir mit der "Donau" kamen, haben ihre Quarantäne im Block 14. Da soll es jeden Tag eine Frage von Leben und Tod sein", sage ich, während mein neuer Freund kehrt macht, damit ich seinen Rücken bearbeiten kann.

"Deren Blockältester ist grün." Mein neuer Freund denkt dabei an das gefärbte Dreieck, das jeder Häftling neben seiner Nummer an der Brust trägt. Und grün bedeutet krimineller Hintergrund. "Da müssen sie den ganzen Tag außerhalb der Baracke sein, und viel Zeit wird für Strafübungen benutzt. Abends in der Baracke geht es dann mit Schlägen und Fußtritten weiter. Gestern mußten alle eine Stunde unter den Tisch kriechen, während der Blockälteste über Tisch und Bänke lief und mit einem Knüppel auf alles schlug, was nicht in Sicherheit gebracht werden konnte. Natürlich fanden weniger als die Hälfte nur Platz unter den Tischen. Die Ursache war, daß der Blockälteste etwas Tabak für zwei Häftlinge in seinem

Schrank aufbewahrt hatte. Als diese den Tabak später wieder haben wollten, bekamen sie und gleich alle stattdessen Prügel.

Ein Blockältester kann in einem Konzentrationslager wie ein Graf leben, wenn er nur die moralischen Voraussetzungen dazu hat. Und die haben die Grünen. Von den anderen Häftlingen können sie klauen was sie wollen. Lebensmittel, die für die ganze Baracke vorgesehen sind, können sie für sich nutzen, um sich Schuhe, Kleidungsstücke und Zigaretten zu verschaffen. Wenn sich das Opfer beschwert, wird der Gummiknüppel im Namen der Disziplin benutzt. Das ist ein System, das den Grünen wie der SS gefällt. Je schwächer ein Häftling wird, weil man ihm Nahrungsmittel und Kleidungsstücke wegnimmt, um so weniger ist er imstande seine anderen Habseligkeiten zu verteidigen. Bald hat er nichts mehr übrig, während der Blockälteste dicker und dicker wird – und die SS lächelt dazu.

Die SS braucht so die Häftlinge nicht mehr selbst zu Tode zu plagen. Es genügt, wenn aufgepaßt wird, daß das System funktioniert, daß geeignete Personen in richtige Positionen kommen. Fast jede leitende Aufgabe wird im Lager von Berufsverbrechern ausgeübt. Je schlechter die Verhältnisse werden, um so besser sind dann die Möglichkeiten, mit Essen, Kleidungsstücken und günstigen Arbeitsplätzen in Arbeitskommandos zu disponieren. Ein Blockältester sieht seine Baracke als eine rechtmäßige Quelle für die Verschaffung dieser Werte."

"Du sagtest Arbeit", schiebe ich ein, "kann man die auch verkaufen? Der Blockälteste hat doch nichts mit den Arbeitskommandos zu tun?"

Mein Freund setzt fort: "Erstens hat jeder Häftlig in leitender Position einen starken Einfluß auf alles was die anderen Häftlinge betrifft. Alle in der Führung hängen wie die Kletten zusammen, weil sie sich gegenseitig helfen können. Die Vorarbeiter, die meistens auch Berufsverbrecher sind, können gute Arbeitsplätze an die Personen verkaufen, die bezahlen können, und das sind besonders die Blockältesten".

"Der Blockälteste hat doch aber keinen Arbeitsplatz nötig", erwidere ich.

"Das stimmt schon. Aber jeder Lump wünscht sich Helfer, die von ihm abhängig sind. Es gibt immer Kerle, die den Lumpen helfen, wenn sie selber dabei Vorteile haben. Und ein angenehmer Arbeitsplatz, mit großen Möglichkeiten sich weitere Vorteile zu verschaffen, das ist natürlich sehr günstig. Eine solche Arbeit kann dir der Blockälteste verschaffen, wenn du ihm dafür etwas gibst. Und wenn es zum Beispiel nur Zigaretten sind, wird er dich nie fragen, ob du sie selber geklaut hast. Er wird dir auch nicht erzählen, daß er dich jetzt in der Tasche hat – wenigstens nicht so lange, bis er dich daran erinnern wird. – Dann machst du aber im Spiel der "Großen" mit, bei denen der Kampf um Macht und Vorteile aber noch viel gewaltiger ist, als außerhalb in der freien Gemeinschaft. – Wünscht du, einen dieser "Großen" zu stürzen, aus Rache, oder weil du dir seine Position wünschst, dann gehst du in Vertrautheit zu einem seiner Gegner unter den "Großen", und erzählst ihm, was du weißt. – Vielleicht geht es dann, wie du es dir ausgerechnet hast. Du riskierst aber auch den Galgen, oder daß du in ein Vernichtungslager geschickt wirst. – Nach außen sind die "Großen" alle gute Freunde. Vielleicht meint dein Gesprächspartner, daß er größere Vorteile bekommt, wenn er denjenigen informiert, gegen den du gepetzt hast. Nicht nur bekommt er sofort gewisse Vorteile, wichtiger ist aber, er erweist sich als zuverlässiger Kumpel, und du bist selber fertig."

"Unser Blockältester, Franz, hat ein rotes Dreieck. Er ist seit 1934 als politischer Häftlinng im Konzentrationslager", bemerke ich.

"Gewiß, und er ist nicht mehr Lump, als er sein muß, um seine Position zu behaupten", sagt mein Freund. "Wenn du ihm nur etwas gibst, benimmt er sich ganz anständig."

– "Stillgestanden" –

– "Richt euch" –

__ "Augen gerade aus" –

Die drei Befehle sind fast die einzigen die während des Exerzierens ausgeführt werden müssen. Mit dem "Schuhzeug" – über das die "Kompanie" nur verfügt – sind Marschieren und Wendungen undurchführbar.

Das ganze ist eine Komödie – eine Tragigkomödie.

Die Lagerführung hat bestimmt, daß in der Quarantänezeit exerziert werden soll, um den Häftlingen für Ordnung und Disziplin die richtige Haltung beizubringen. Jeden Tag müssen wir deshalb diesen Unfug durchführen.

Das Kommando hat ein norwegischer Offizier, der die deutschen Befehle genau kennt. Wenn er eine Wendung versucht, kippen sofort mehrere Holzeinrichtungen. Und Füße mit offenen Wunden und steif gefrorenen Gliedern sorgen dafür, daß der Besitzer umkippt.

Merkwürdiger Weise ist es erlaubt, daß die Männer einander auf den Rücken klopfen dürfen, wenn es nur gleichzeitig und auf Kommando gemacht wird. Und es ist erstaunlich, daß man dann doch mit diesen Holzstücken an den Füßen rennen kann. Wenn man die Fußsohle so weit wie möglich nach vorne schiebt und die Zähen krallt, hat man sogar eine gewisse Kontrolle über die Holzdinger. Dabei muß man aufpassen, daß die Füße möglichst wenig gehoben werden und eine schlürfende Bewegung entsteht. Das viele Rennen bereitet aber Schmerzen und das Klopfen auf den Rücken wird deshalb das üblichste Kommando. Das wird immer auf norwegisch gegeben.

In langer Reihe stolpern die Quarantäne–Häftlinge vorwärts. Jeder trägt eine Matratze. Die Matratzen, die wir bisher benutzt haben, kamen von der TBC–Baracke. Jetzt sollen sie verbrannt werden und man wird uns neue geben.

– Mir tun die Füße schrecklich weh. Die Holzschuhe haben große Wunden verursacht. Schlimmer ist aber eine Vertiefung in der Fußbiege. Wahrscheinlich ist das ein Anzeichen dafür, daß ich an Beri Beri leide. Der obere Teil des Holzschuhes drückt immer gegen die dicke Sehne und jeder Schritt schmerzt. Die große Matratze, mit Dreck von den TBC–Patienten macht alles noch schlimmer.

Es ist eisig kalt, und ich bin ganz steif. Am schlimmsten haben es die Hände, die die Kanten der Matratze umfassen.

Wenn ich den Transport überstanden habe, wird es aber wunderbar sein. Denn mehrere Minuten werde ich dann am brennenden Stroh stehen können, und werde so tun, als ob ich das lose Material auf das Feuer werfen will.

Ich versuche, etwas schneller zu laufen, stolpere aber und falle hin. Eine verkehrte kleine Bewegung genügt, und das schlimmste was passieren kann passiert: das Fallen. Die Füße schmerzen dann noch mehr und es ist fast unmöglich wieder aufzustehen. Außerdem verliert man meistens dann die Schuhe, und der Boden ist ja fest gefroren.

Ich habe aber Glück gehabt, zu diesem Arbeitskommando gekommen zu sein. Die Häftlige, die die Matratzen füllen, können sich nicht jedes Mal wärmen, wenn eine Matratze zum Feuer getragen wird, so wie ich es bald kann.

Der Gedanke an das wunderbar brennende Stroh bewirkt, daß ich mich zusammenraffe und weiter stolpere...

Ich habe einen Platz am Tisch im Aufenthaltsraum gefunden. Es ist besser als stehen zu müssen, denn andere Möglichkeiten gibt es nicht.

Bleibe ich sitzen, habe ich einen Sitzplatz gesichert, wenn das Essen kommt. Wenn wir auch zwei Durchgänge am Tisch haben, müssen doch mehrere immer stehen, während sie die dünne Kohlsuppe essen.

Übrigens ist alles in Gruppen eingeteilt. Der Schlafsaal ist ja überbevölkert, sieht wie ein Lagerraum für sehr einfache Möbel aus. Nur Betten in drei Höhen. Im Waschraum wartet eine Gruppe, während sich eine andere fertig macht. Am Tag suchen wir in Gruppen die Wärme am Ofen.

Ich sitze und starre meine Kameraden an, die auch nur starren.

Lesestoff gibt es nicht, und es ist schwer, ein Gespräch zu führen.

Ich beobachte die Gesichter rings herum. Noch nie habe ich solche Typen gesehen, alles ausgesprochene Egoisten. Jeden Tag sind es dieselben Kerle, die die letzte Stunde vor dem Essen schon am Tisch sitzen, um sich einen Platz zu sichern. Nur am Sonntag, wenn wir eine Art Gulasch bekommen, sind sie die letzten. Denn sie wissen, daß das Dicke nach unten versinkt.

Ja, das sind Hyänen.

Ihre Blicke sind nach innen gerichtet. Sie sitzen nur und denken, überlegen wie sie wohl einen Nachschlag bekommen könnten, wenn der Kübel mit der Suppe kommt.

Da scheppern schon die Blechgefäße beim Abheben vom Karren.

– Jetzt haben die Kerle Hilfe nötig, um die Kübel zu tragen. Du brauchst aber nicht zu glauben, daß sie sich bewegen würden, diese Hyänen!

Aber nein, sie sitzen und grübeln über weitere Vorteile nach. Haben überhaupt nicht gehört, daß die Gefäße gekommen sind. Sie sitzen mit ihren Löffeln am Tisch. Ja, sie haben sich schon richtige Löfel organisiert.

Ich schau zu meinem eigenen. Aus Eisen ist er, verrostet, unappetitlich. Nein, er genügt für mich, ich bin keine Hyäne.

'Heute gibt es Kartoffeln.' Das Gerücht hatte sich schon verbreitet. Alle freuen sich. Es ist einer der guten Tage, ein Tag der die Menschen freundlich stimmen kann; Verträglichkeit und gute Stimmunng könnten sich verbreiten. Das wird aber nur das Verhalten normaler Menschen beeinflussen, nicht das Verhalten dieser Kerle.

Es erstaunt mich allerdings immer wieder, daß sich Paul so verändert hat. Auf der Reise und die ersten Tage im Lager hinterließ er einen sympathischen Eindruck. Jetzt ist auch er wohl eine Hyäne geworden, denkt nur daran, wie er sich einen neuen Vorteil verschaffen kann. Jetzt paßt er auf, daß keiner eine größere Kartoffel als er selbst bekommt.

Da bist du endlich an der Reihe, du Egoist.

Selbstverständlich – so ist es immer –, ja, ja – es ist in Ordnung, daß Paul zwei große Kartoffeln bekommt. Wenn ich sie bekommen würde, könnten meinetwegen alle große Kartoffeln bekommen.

Ich müßte aber auch zwei große Kartoffeln bekommen! Das ist mehr Nahrung als mehrere kleine.

Da wird schon die Kelle gefüllt.

Ach, da fiel eine Kartoffel wieder in den Eimer!

Jetzt gießt er die Kelle in meine Schüssel. Und noch eine Kartoffel fällt in den Eimer!

Ich stehe auf und bin sehr erregt. Vielleicht sagt mir mein Instinkt, daß dieser Teil meiner Portion noch gerettet werden kann?

Plötzlich wird mir mein Benehmen klar, ich werde verlegen. Glücklicherweise haben die Kameraden meine Erregung nicht bemerkt, glaubten wohl, daß ich aufstand, um meine Schüssel in Empfang zu nehmen.

Daß mein Verhalten keiner bemerkt hat, ist mir Genugtuung, die aufwiegt, daß ich nur kleine Kartoffeln bekommen habe.

Die Verteilung des Kohls weckt nicht das gleiche große Interesse. Die Kelle wird jedes Mal vollgefüllt, so daß jeder dieselbe Menge bekommt.

Ja, es sind vor allem die Kartoffeln, die eine besondere Aufmerksamkeit erzeugen. Es wird auch genau studiert, wie man am besten die schlechten Stellen abtrennen kann, so daß möglichst viel erhalten bleibt.

Nur eine meiner Kartoffeln ist etwas verfault. Nur das Schlimmste entferne ich mit dem Löffel, der Rest kommt zu den besseren Kartoffeln. Und dann gehts los...

Ich beeile mich mit dem Essen, um frühzeitig zum Waschraum mit meiner Schüssel zu kommen. Denn die Schüsseln müssen alle sauber gemacht werden für die nächste Gruppe von Häftlingen. Und im Waschraum wird es schnell sehr eng.

Ich versuche aufzustoßen. Nicht weil es mir besonders gefällt. Nein, weil es mein Gefühl verstärken würde, daß ich eigentlich satt bin. Ich fühle nur, daß der Magen gefüllt ist und das ist etwas ganz anderes.

Noch einmal, auf dem Weg zur Tür, versuche ich es. Ich bin doch wirklich satt, denke ich. Aber es kommt nur ein leichtes Aufstoßen.

Im Waschraum ist es schon ziemlich voll. Ich muß warten, und habe noch Zeit dafür. Ein Kerl steht am Waschbecken, schaut mich an und sagt etwas. Ich verstehe ihn nicht, sehe aber, daß er mir Platz macht. Ich kann neben ihm meine Schüssel waschen.

Er hatte mir am Tisch gegenüber gesessen. Wir unterhalten uns später auf dem Weg zum Aufenthaltsraum. Er scheint doch ein netter Kerl zu sein...

Die Blechschüsseln scheppern gegen die Tischplatte, und ich gehe hinaus. Nach dem Essen müssen wir den anderen Häftlingen Platz machen. Solange mußten sie draußen warten.

Jetzt kommt für uns eine halbe Stunde Frieren. Das geht aber, weil wir uns eben gewärmt hatten und der Bauch gefüllt ist.

Paul steht schon draußen. Er winkt mich zu sich. Ich gehe auf ihn zu und sehe plötzlich, daß er mir eine Schachtel Zigaretten hinhält.

"Aber Paul, wo hast du sie her?"

Ich bleibe ein großes Fragezeichen, denn seit unserer Ankunft im Lager haben wir überhaupt keinen Tabak gesehen.

"Bekam die Schachtel von einem Kameraden, der schon lange im Lager ist." Er reicht mir eine Zigarette.

"Kommt nicht in Frage, ich kann dir doch so einen Schatz nicht wegnehmen..." Trotzdem stehe ich kurz danach mit einer Zigarette zwischen den Lippen.

Paul ist ein Kernmensch. Das habe ich ja schon auf der Reise und die ersten Tage im Lager gemerkt...

MIDDAG

Ein Arbeitstag

Weit, weit weg wird kommandiert. Morgen für Morgen habe ich versucht zu hören, was dort gerufen wird. Die Stimme ist aber zu schwach. Sie hat aber jedesmal die gleiche Wirkung: Die Reihen auf dem Appellplatz lösen sich auf.

Tausende von Häftlingen bewegen sich zu ihren Arbeitskommandos und noch ein Mal gibt es ein Antreten. Dann wissen wir, daß die Zahl stimmt. Es waren genau so viele auf dem Appellplatz wie es sein sollten, und der SS–Mann gibt dem Lagerältesten seine Quittung. Ich gehe an die Stelle der D.A.W., oder "Deutsche Ausrüstungs–Werke", wie der volle Name des Werks lautet. Kurz danach marschieren wir in Richtung des Tores.

Die Häftlinge marschieren immer in Fünferreihen. Das macht das Zählen leichter. Jetzt versuchen wir, so gut wie möglich zu marschieren – wie es die Preußen wünschten. Dann riskieren wir nicht so leicht Schikanen verschiedenster Art.

Ich werfe einen Blick auf das MG dort oben. Zwei Wochen marschiere ich schon hier vorbei. Bei jedem Passieren muß ich die dunklen Gestalten dort oben betrachten. Für mich sind sie ein Symbol für meine Lage geworden. Unbeweglich steht das Herrenwerk hoch über uns, und sieht, daß die Sklaven zur Arbeit geleitet werden.

Die Mündung der schwarzen, unheimlichen Waffe zeigt gegen uns, und die Scheinwerfer beleuchten den Platz, damit man sehen kann, daß die Sklaven gehorsam zur 12–stündigen Arbeit gehen.

"Mützen ab!"

Wir entblößen unsere kahlen Köpfe, während wir uns durch das Tor bewegen. Die Arme steif an den Seiten, und taktfest klappern die Holzschuhe weiter.

Höhnisch leuchtet der Spruch am eisernen Gitter gegen uns: "Arbeit macht frei". Zierlich sind die Buchstaben geformt, genau so zierlich wie die Lebensregeln auf den Barackengiebeln gegenüber dem Appellplatz:

"Es gibt einen Weg zur Freiheit – Seine Meilensteine heißen: Gehorsam, Fleiß, Ehrlichkeit, Ordnung, Sauberkeit, Nüchternheit, Wahrhaftigkeit, Opfersinn und Liebe zum Vaterland."

Wahrscheinlich ist er längst tot, der Häftling, der diese Worte malte,

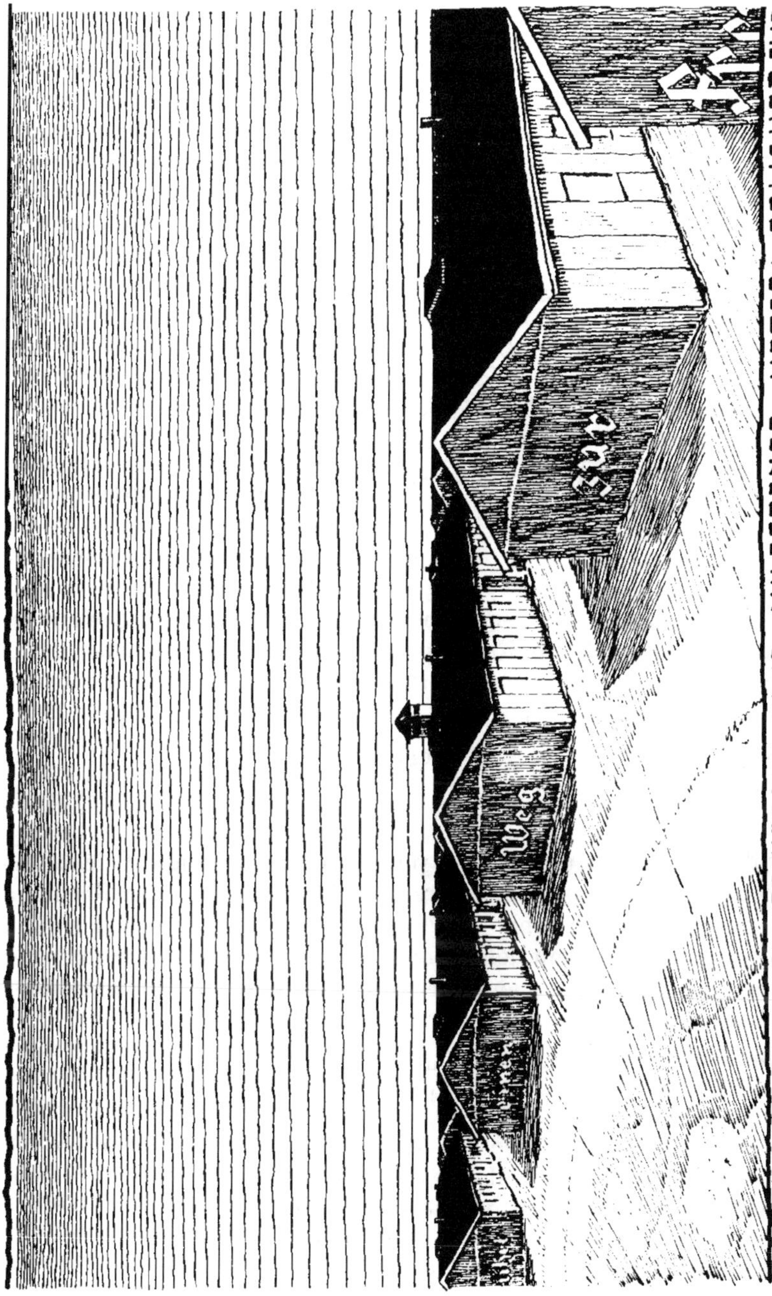

DET FÖRER EN VEI TIL FRIHETEN. DENS MILESTENER HETER: ERLIGHET, FLID, RENSLIGHET, SANDRUHET, LYDIGHET OG KJÆRLIGHET TIL FEDRELANDET.

und bei der Arbeit wußte, daß er die Freiheit nie erleben würde.

"Die Mützen auf!"

Wir marschieren weiter in Richtung D.A.W. Auf dieser Strecke steht alle 5 Meter ein SS–Mann mit seiner Schußwaffe, die gegen uns gerichtet ist. Die erfahrenen Häftlinge erklären uns Neuen, daß diese Posten nur im Winter dort stehen. Im Sommer ist es hell genug, so daß die MG's in den Wachtürmen genügen.

Das Gehen schmerzt. Nachdem ich zum Arbeitskommando kam, bekam ich etwas bessere Kleider. Die Holzschuhe passen aber nicht. Sie sind wenigstens zwei Nummern zu groß, und die Sohlen sind ganz flach. Die Oberleder kommen offenbar von Frauentaschen, Schlangenhaut auf dem einen Schuh, Kalb auf dem anderen. Ich klage aber nicht, denn andere haben eine noch schlechtere Ausrüstung.

In der Schreinerei male ich Buchstaben auf Planen. In zwei Ecken und auf beiden Seiten soll "D.A.W." stehen. Ich habe eine gute Schablone, und die Arbeit geht leicht von der Hand. Was wird die nächste Aufgabe sein?

Ich fühle die Angst, denn vieles ist von der Arbeit abhängig. Leichte Arbeit bedeutet Kräfte sparen, während schwere Arbeit zum Krematorium führen kann. Ich denke an gestern, wo es sehr schlecht ging. Ich hatte mir große Mühe mit dem Auto gemacht, und trotzdem machte der Vorarbeiter Krach als er meine Leistung sah. Wie wird es wohl weiter gehen?

Plötzlich sehe ich, daß mehrere Häftlinge am Fenster stehen. Kein SS–Mann ist zu sehen, also gehe auch ich hin.

Es ist die gewöhnliche Reihe von Menschen in Häftlingskleidern, die passieren. Oft stehen sie in ihren elenden Lumpen am Tor. Sie frieren immer kläglich – und warten. Sie sind immer barköpfig und kahl geschoren, oft mit einem Kreuz auf jeder Wange und auf der Stirn. Sie bewegen die Füße weil sie frieren – während sie warten.

Dann setzen sie sich in Bewegung, marschieren in zwei Reihen mit SS–Posten auf beiden Seiten. Heute sind es nur zwölf.

"Letzter Spaziergang," sagt ein Schreiner und greift den Hobel.

Die zwölf sind auf dem Weg zum Industriehof, wo die Hinrichtungen stattfinden. In einigen Minuten werden sie erschossen sein ...

Ich gehe zu meiner Arbeit zurück, es geht aber schwer. Ich habe zu viel Farbe aufgestrichen, und als die Schablone abgenommen wird, fließt die Farbe nach allen Seiten.

Den großen Fehler machte ich am ersten Tag. Der Vorarbeiter fragte, ob ich nur Dekorationen anfertigen konnte, oder auch mit gewöhnlichen Flächen umgehen kann. Dann erwiderte ich ungefähr – 'Na, das ist doch kein Problem'.

Besser wäre gewesen – 'Das Anstreichen von Decken und Fußböden ist eine schwierige Aufgabe, ich will aber mein Bestes tun'. Dann hätte er Stolz gefühlt, die Verantwortung für eine so wichtige Arbeit zu haben.

Jetzt wartet eine neue Aufgabe. Wieder in der Garage. Zwei alte Autos warten auf neues Feldgrau. Auf jedem steht ein großer Kasten aus Holz. Alle Luftblasen müssen entfernt werden, und dann kommt der neue Anstrich.

Ein Franzose, offenbar Fachmann, sitzt an einem Auto. Er lächelt, spricht und raucht ganz heimlich, arbeitet aber nicht.

Ein paar Male frage ich ganz vorsichtig, wie dies oder jenes gemacht werden muß. Er gibt aber keine richtige Antwort. Es interessiert doch keinen Menschen, wie die alten Kästen werden. Außerdem ist der Krieg bald zu Ende. "Wenn der Tag kommt, dann sollen diese Wagen wieder glänzen", sagt er. "Denn dann sollen sie andere in Besitz nehmen."

Ich versuche verzweifelt mit ihm ins Gespräch zu kommen, um ihm klar zu machen, was er in meiner schwierigen Lage für mich bedeutet. Er muß verstehen, wenn der Vorarbeiter noch mehr unzufrieden mit meinen Leistungen wird, daß ich dann aus diesem Kommando verschwinden muß. Ich komme vielleicht zum Kanalbau oder zu einer anderen schweren Arbeit. Die Angst packt mich während ich die Arbeit auf meinem Auto vorbereite.

Ich drücke mein Messer in Blase auf Blase.

'Dieses System der neuen Zeit ist ganz phantastisch", philosophiere ich. "Ohne Bezahlung, auf Hungerkost, in Lumpen und mit Wohnverhältnissen schlimmer als bei den Tieren auf den Bauernhöfen, verlangen sie hohe Leistungen. Ihre Aufgabe ist es, uns verstehen zu lassen, daß wir nur weiterleben dürfen, wenn wir unsere Spitzenleistungen bringen. Gleichzeitig wird uns bewußt gemacht, wie klein der Wert eines Menschenlebens in dieser Umgebung ist.'

Ich habe die Arbeit mit den Blasen beendet, mein Kollege hat schon mit dem Pinsel angefangen. Jetzt folge ich seinem Beispiel, während ich meiner Gedankenreihe folge.

'Und wer leistet dies alles – die Mechaniker, Schreiner, Sattler und was es sonst noch gibt, die Tausende von Fachleuten aus allen europäischen Ländern, die hier bei der D.A.W. arbeiten?

Und wer besitzt die Aktien in dieser riesigen AG mit den enormen Verdiensten? Ja, das sind Hitler, Göring, Goebbels, Himmler und die anderen Spitzen der Partei. Dieselben Besitzer wie bei den Hermann Göring Werken und den anderen neuen Werken.

Du kannst dich kaputtlachen – so etwas Geniales gab es noch nie.'

Ich muß vorsichtig lächeln, wo ich mich mit jedem Pinselstrich auf dem alten Kasten anstrenge.

'Und die ganze Produktion geht zur Wehrmacht, so daß man keine Probleme mit dem Absatz hat.'

'Und die Rohwaren?'

Ich lächele wieder.

'Wenn man in den deutschen Geschäften keinen einzigen Nagel kaufen kann, dann bekommen die D.A.W. alles was gewünscht wird. Denn die D.A.W. sind ist ja ein Kriegsbetrieb.

Die besten europäischen Fachkräfte werden verhaftet und werden kostenlos hier hingeschickt.

Was muß die Wehrmacht, also das deutsche Volk dem Göring und dem Goebbels bezahlen, damit ich diesen Kasten anstreiche?'

Es ist eine anstrengende Arbeit, und ich werde mit der fehlenden Erfahrung bald müde. Ich weiß ja, daß man dünn anstreichen soll. Mit viel Farbe auf dem Pinsel geht es aber viel leichter. Es ist mir außerdem egal, ob der Göring etwas mehr für die Farbe auf diesem Auto bezahlen muß. Und keiner wird sehen können, ob ein Fachmann den Pinsel geführt hat oder nicht.

Ich werfe einen Blick auf den Franzosen. Er schmiert vergnügt und singt ein Lied. Alles läuft so leicht für ihn. Er ist schon lange hier im Betrieb, weiß wie man sich in das System einordnen sollte.

Bald versuche ich, es auch so zu machen. Bald schallt ein norwegischer Seemannswalzer von meiner Arbeitsplattform. Der Franzose lächelt noch mehr und zündet sich eine seiner verbotenen Zigaretten an. Ich schmiere mehr feldgraue Farbe über den Kasten.

Plötzlich sehe ich eine Gefahr, die durch die Tür zu unserer Werkstatt kommt. Schnell gebe ich dem Franzosen ein Zeichen. In einer Sekunde ist die Zigarette verschwunden, und es wird fleißig gearbeitet, während der Vorarbeiter unsere Leistungen beobachtet.

Er geht auf die andere Seite des Kastens, die schon fertig ist.

Im Raum wird es todesstill. Ich kann ihn nicht sehen, fühle aber daß...

Ehe der Sturm los geht, habe ich den Kopf unter das schützende Dach gesteckt. Es ist furchtbar.

Es muß plattdeutsch sein, ich verstehe wenigstens kein einziges Wort, verstehe aber, daß alles ganz furchtbar ist, und die Kraft der Stimme ist überwältigend.

Ich schaue zum Franzosen hinüber. Er hat den Pinsel zur Seite gelegt, und horcht mit großen, runden Augen.

Ruhig klettere ich von meiner Arbeitsplattform auf den Fußboden. Ruhig gehe ich auf die andere Seite. Ruhig schaue ich wo der wütende Finger hinzeigt. Ruhig gebe ich dem Mann recht – ganz und gar recht.

Ich betrachte mein Werk. Es ist furchtbar. An mehreren Stellen haben sich kleine Flüsse gebildet. Da fließt die Farbe langsam herunter, und an mehreren Stellen tropft es schon auf den Fußboden.

Wütend greift mein Vorarbeiter einen Pinsel und versucht, meine Flüsse zu sperren.

Ich stehe apathisch dabei und schaue zu. Das war wohl mein letzter Arbeitstag in Hitlers, Görings und Himmlers D.A.W.

Im Arbeitslager

"Es soll vorgekommen sein, daß Häftlinge ein erstes Paket schon nach einem Monat bekommen haben". Embret spricht wieder von unserem wichtigsten Thema: Wann werden die ersten Nachrichten aus der Heimat kommen? Wann kommt das erste Paket mit einem Zuschuß zur unzulänglichen Lagerkost?

Ich weiß, daß dieser Wunsch nur in seiner Phantasie entstehen kann. Man muß ihm aber diesen Traum nicht wegnehmen, und ich wiederhole deshalb nur, daß man in Sachsenhausen für Rote Kreuz–Pakete mit 3 Monaten Wartezeit rechnet. Zuerst muß ja eine heimliche Meldung vom norwegischen Lager über unseren Transport nach Deutschland erst nach Schweden und Dänemark geschickt werden. Erst so bekommt das Rote Kreuz Bescheid, und erst dann kann man uns etwas schicken.

"Ja, stimmt schon. Unsere Familie weiß aber bestimmt, wo wir sind. Das erste, woran sie denken werden, ist ein Päckchen mit Lebensmitteln zu schicken." Embret stützt sich auf den Spaten und der große Kerl starrt mich an: "Ich verstehe überhaupt nicht, daß nicht einmal ein Brief gekommen ist?"

"Du mußt dich beruhigen. Keiner von uns hat bisher etwas bekommen, und du bist nicht schlechter dran als wir anderen."

Ich lege den letzten Stein in den Schubkarren und bereite mich auf das Wegkarren vor. Dieses viele Gerede von Päckchen macht den Hunger noch viel schlimmer. Wir träumen von Brot und Wurst, und jedes andere Thema ist ohne Bedeutung. Den ganzen Tag erinnert uns der Hunger an diesen Traum. Den haben wir gemeinsam.

"Ich glaube, daß wir in ein Vernichtungslager gekommen sind."

"Bad Saarow ist kein Vernichtungslager mehr", erwidere ich. "Du mußt die Lage nicht schlimmer machen, als sie in Wirklichkeit ist."

"Kein Vernichtungslager?" Embret regt sich noch mehr auf, daß der Schubkarren umkippt als er den ersten Stein ungeschickt drauflegt. "Jeden Tag siehst du Häftlinge, die stürzen und nicht wieder aufstehen können. Jede Woche werden fünfzig bis sechzig Mann nach Sachsenhausen zurückgeschickt und gehen direkt in die Gaskammer. Und dies soll kein Vernichtungslager sein?"

Natürlich verstehe ich diesen Pessimismus. Das Lager ist kein schöner Anblick, und bei uns allen schwinden die Kräfte. Unsere wichtigste

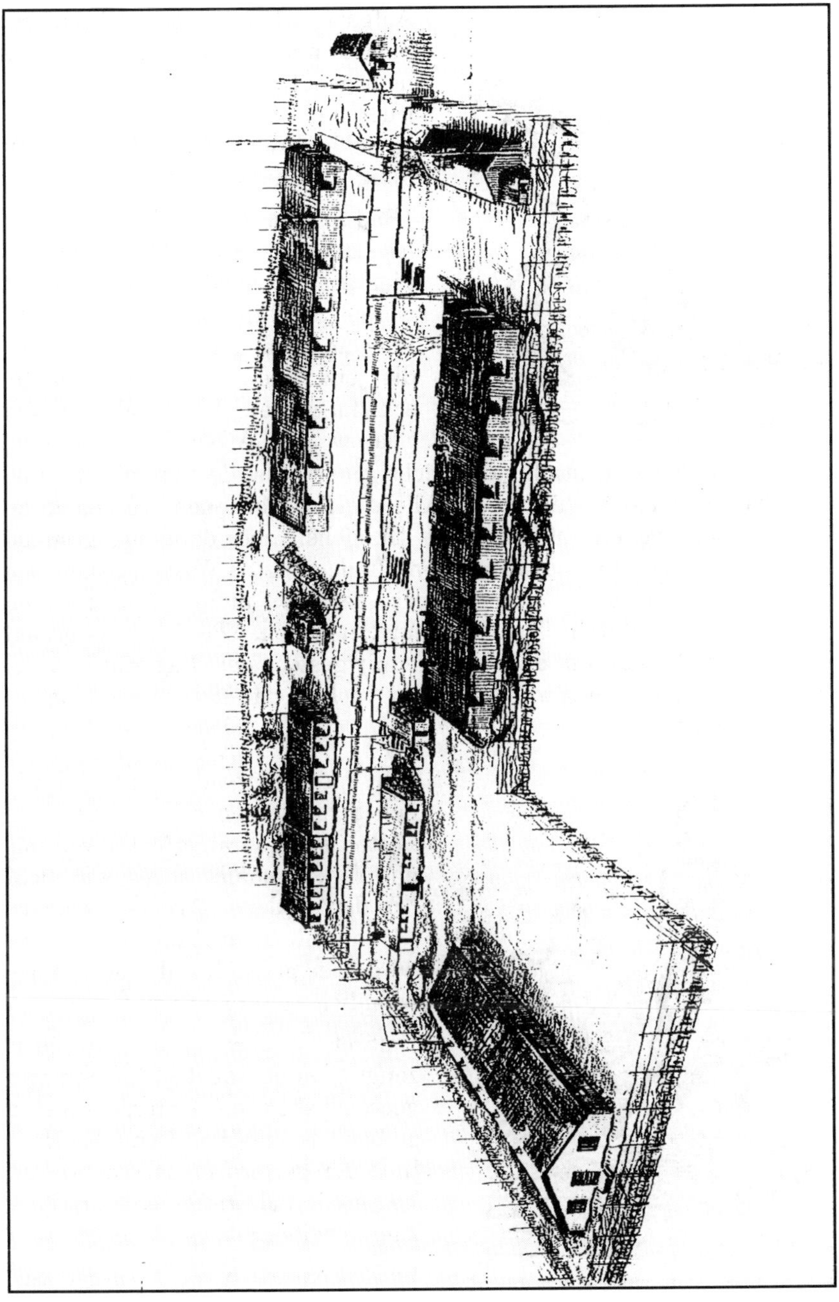

Aufgabe ist aber das Überleben. Zuerst müssen die Probleme des heutigen Tages gelöst werden, und jeder muß bereit sein, den anderen zu helfen. Wir haben alle eine Hoffnung, die muß gehegt werden.

"Bad Saarow war ein besonders übles Lager und viele Häftlinge sind hier gestorben oder so geschwächt worden, daß ihr Leben nicht zu retten war. Es sind diese armen Leute, die jetzt nach Sachsenhausen geschickt werden. Jetzt soll aber Bad Saarow ein Arbeitslager werden, weil der Arbeitseinsatz für die wichtiger ist, als die Demütigung und das Plagen von uns Häftlingen. Alle die für die neuen Aufgaben zu schwach sind, gehen auf Transport. Du siehst aber daß neue, gesunde Männer kommen, um sie zu ersetzen. In den letzten Wochen haben sich die Verhältnisse im Lager etwas verbessert. Wir müssen alles tun, um unsere Gruppe durch diese Probleme zu retten. Was ich jetzt gesagt habe, ist nicht von mir, das erzählte mir gestern der Lagerälteste. Die Arbeit am Bunker oben im Wald ist so wichtig, daß sich unsere Lage sofort verbessern wird."

Wir sprechen weiter während wir den Schubkarren füllen. Der eine Posten steht wenige Meter von uns entfernt. Deshalb sagen wir nicht "Soldat" oder "Posten", sondern "Mann mit dem Schießer". Und es wird leise geredet, während wie gewöhnlich weitergearbeitet wird.

Embret ist aber noch nicht überzeugt. "Dann muß die Führung vergessen haben, die Untergeordneten zu benachrichtigen. Denn der Häftling, der gestern erschossen wurde, war groß und kräftig, eine erstklassige Arbeitskraft."

Er hat natürlich recht. In der kurzen Zeit, in der wir hier sind, haben die Posten zwei Häftlinge erschossen. Wir kennen auch die Ursache. Der Posten, der einen Häftling erschießt, bekommt Urlaub. Wenn er stirbt, werden es vierzehn Tage. Überlebt er, werden es nur drei.

In dem ersten Fall war es direkt Mord. Der Posten behauptete, er wäre angegriffen worden. Zeugen gab es nicht. Dreißig andere Häftlinge sahen es zwar, aber das bedeutet ja nichts. Und hätte man sie gefragt, und eine Aussprache gegen den Mann wäre zustande gekommen, dann würde das für die unvorsichtigen Häftlinge der sichere Tod sein.

Ich komme mit dem leeren Schubkarren zurück und sehe, wie Embret dasteht wie eine schlaffe Gestalt, mit Gedanken die ganz woanders sind. Gestern könnte er einer von den Häftlingen gewesen sein, den die Kameraden trugen, der erschossen worden war. Er war in der Nähe.

Um vom Gerede über Pakete wegzukommen, frage ich ihn, wie das geschah.

"Ja, ich hörte plötzlich einen Schuß, und als ich in die Richtung sah, stand der Mann mit dem Schießer direkt hinter mir, das Gewehr immer noch an der Wange. Zuerst verstand ich nicht, was geschehen war. Es fiel mir nicht ein, daß er hätte schießen können. Denn wir gingen ja nur mit den Schubkarren, so wie wir es jetzt tun.

Es war der Weg von der SS–Küche, die ausgebessert werden sollte. Dann entdeckte ich den Mann, der auf dem Boden lag. Der Mann mit dem Schießer zielte immer noch gegen ihn. Der Häftling lag ganz still, zusammengekrochen, und ich ging davon aus, daß er schon tot war."

"Warum wurde aber geschossen?"

"Der Mann hatte offenbar gesehen, daß ein Koch einen Topf mit Abfällen in den Mülleimer geschüttet hatte, und den wollte er untersuchen."

"Man erschießt doch aber nicht einen Mann, weil er Abfälle frißt?"

"Doch, und gerade die Eimer von dieser Küche werden so durchsucht, daß sie abends fast leer sind, wenn wir zurück ins Lager marschieren. Wahrscheinlich hatte ein SS–Offizier diese Abfälle für sein Schwein bestimmt, solche Wirtschaft ist ja üblich geworden. Jedenfalls wurde neulich bekannt gegeben, daß wer Abfälle klaut, wird erschossen. Dieser Kerl glaubte offenbar, es sei nur eine Drohung gewesen. War es also nicht."

"Man sagt aber, daß er immer noch lebt", sage ich, um das Gespräch auf diesem Gleis weiter zu führen. "Und der Sanitäter im Revier meint, er wird überleben."

"Ja, es ist aber schwer zu begreifen", fährt Embret fort. "Nach kurzer Zeit sah ich, daß der Mann die Arme bewegte. Ich versuchte, zu ihm zu gehen. Dann wurde aber gegen mich gezielt. Keiner durfte zu dem Mann gehen. Endlich kam der Führer der Postenkette und sah sich das Ganze an. Dann kamen einige SS–Offiziere. Keiner ging aber hin. Ich nehme an, daß der Kommandant zuerst benachrichtigt werden mußte, bevor etwas unternommen werden konnte. Unterdessen lag der Mann da. Die Kugel hatte seinen Bauch aufgerissen, und der ganze Magensack lag außerhalb des Körpers. Er hielt ihn mit seinen Händen."

Embret machte eine Pause, während ich eine neue Last mit Steinen wegfahre.

Als ich wieder zurück bin, fährt er fort: "Nie werde ich den Anblick vergessen – die schmutzigen Fäuste, die im Mülleimer gewesen waren und jetzt die blutigen Eingeweide hielten. Mehr als eine Stunde lag der Mann da, ohne daß jemand zu ihm gehen durfte. Er lag ganz ruhig und schaute uns an.

Endlich durften wir ihn zurück in das Lager bringen. Glücklicherweise fanden wir eine Platte, auf der wir ihn tragen konnten. Sonst hätten wir wieder einen Schubkarren benutzen müssen.

Wahrscheinlich kommt dieser Fall unter die Bezeichnung "Entfernung deutschen Eigentums vom Arbeitsplatz, in der Absicht, es zu stehlen". Dafür gibt es Todesstrafe, und der Mann mit dem Schießer bekommt schon seinen Urlaub." So beendete Embret seinen Bericht.

"Ja, natürlich gibt es Schweinehunde unter ihnen", sage ich, "wenn sich auch die meisten anständig benehmen."

"Es wird behauptet," fährt Embret weiter, "daß der Mann mit dem Schießer am Abend von seinen Kameraden in der Baracke verprügelt wurde. Wenn das auch der Fall sein sollte, hilft es wenig. Die Bestimmungen sind ja so, daß wenn einer von ihnen Urlaub haben will, um zum Beispiel eine Freundin zu besuchen, dann braucht er nur einen Häftling zu erschießen und hat seinen Wunsch erfüllt."

Während wir gesprochen haben, ist ein neuer Transport mit Steinen angekommen. Er besteht aus einer Zugmaschine und drei riesigen Anhängern. Die Steine werden in Haufen neben dem Weg geworfen, und dann kommen wir mit den Schubkarren.

Zuerst legen wir eine Schicht mit Steinen, dann wird Schlacke von einem Werk in Fürstenwalde dazwischen gelegt. Schließlich wird eine Walze über den Weg – hin und her – von Häftlingen gezogen. Das ist die schwerste Arbeit und bringt immer Streit, weil einige nur mitlaufen, um ihre Kräfte zu sparen, so daß es für die anderen um so schwerer wird. Was soll man aber tun, wenn der Magen leer und die schwere Arbeit auf die Dauer direkt lebensgefährlich ist? Ich muß an den Russen denken, als wir mit frischen Kräften von Norwegen kamen, und mit normaler Energie an die Arbeit gingen. "Nix arbeiten", sagte er. "Besser Schlag von SS. Arbeiten ist Krematorium. Schlag tut weh, aber nix sterben."

Jeden Tag kommt der Weg ein Stück weiter in Richtung "Fuchsbau", das ist der geheimnisvolle Bunker oben im Wald. Wir sind alle gespannt, den Bauplatz zu sehen. Die merkwürdigsten Gerüchte sind im Umlauf, keiner weiß aber etwas mit Sicherheit.

Nachrichtendienst

'Wenn du in einer neuen Firma anfängst, dann schaue dir die Korrespondenz an. Da kannst du in kurzer Zeit vieles lernen, was für die neue Stelle nützlich sein kann'. Das war eine Erfahrung, die ich aus väterlichem Haus mitbekommen habe. Auf meinem neuen Arbeitsplatz im Büro der Bauleitung versuche ich, diesem guten Rat zu folgen.

Es sind übrigens zwei Gründe für mein eifriges Studium der Briefmappen. Der wichtigste, ich muß alles tun, um diesen guten Arbeitsplatz zu behalten. Hier bin ich unter einem Dach. Ein Ofen steht hier mit genügend Kohle. Leichte Arbeit, und auch noch andere Vorteile gibt es.

Der andere Grund ist meine Neugierde. Ich lese und lese. Fünf oder sechs große Berliner Firmen dominieren. Es sind Baufirmen und Lieferfirmen für den "Fuchsbau", dem Bunker oben im Wald. Dazu kommt das Barackenlager, wo meine Kameraden am Bau von 34 Baracken beteiligt sind.

Ein neuer Brief liegt vor mir, von einer großen Reglerfirma: "Durch Feindwirkung in der Nacht zum 23. November sind unsere Geschäftsräume mit sämtlichen Einrichtungen und Unterlagen wie Akten und Zeichnungen vernichtet worden. Wir bitten um Übersendung des schwebenden Geschäftsverkehrs, wie Bestellungen, Auftragsbestätigungen, Rechnungen usw. Bis zur Überlassung neuer Geschäftsräume..."

Aus späteren Briefen geht hervor, daß die Firma neue Geschäftslokale in neuen Baracken mitten in Berlin bekommen hat. Nach kurzer Zeit wird aber wieder um Kopien gebeten. Die Baracken sind in einem neuen Bombenangriff total zerstört worden.

Wie lange werden es die Deutschen auf diese Weise weitermachen können? Oft vergeht ein ganzer Tag für die Vertreter der Firma, um die sechs Meilen von Berlin bis Fürstenwalde zurückzulegen. Es kommt auch vor, daß wir mehrere Tage ohne telefonische Verbindung mit diesen Firmen sind. Und allmählich erleben wir, daß alles immer chaotischer wird, die Arbeit läßt sich kaum noch leiten.

Jede Nacht merken wir Erschütterungen. Sie pflanzen sich von Berlin aus fort, und es kommt vor, daß die Schüsseln von den Regalen in unserer Baracke zu Boden fallen.

Am Tag können wir sehen, wie Hunderte und wieder Hunderte von Flugzeugen ihre Kondensstreifen über den Himmel ziehen, alle auf dem Weg nach Berlin.

Während der ganze Horizont gegen den Westen von riesigen Wolken abgedeckt wird, rollt der Donner von Berlin gegen uns. Wie eine schwere, kompakte Masse steigen die Wolken immer höher. Es ist der Rauch vom brennenden Berlin. Der Krieg wird aber weiter geführt – 'bis zum Endsieg'.

Es kommt vor, daß ich mit Zivilisten ins Gespräch komme. Oft sitzen sie und warten auf den Bauleiter.

Sie haben alle schon genug. Sie berichten von Flugalarm, der zu spät kommt, so daß der Phosphor über die Menschen fällt, während sie noch zu den Zufluchtsräumen laufen. Sie berichten von Panik, und von Kindern, die unter die Füße geraten sind und getreten werden.

Sie sind verzweifelt, weil dieser verlorene Krieg doch weitergeführt wird. Sie wünschen nur den Frieden, wußten schon lange, daß der Krieg verloren war.

Vor meinem Fenster in der Baracke gehen zwei ältere Frauen vorbei.

Zweimal am Tag kommen sie mit ihrem kleinen Wagen auf vier Rädern. Oft geht es sehr schwer. Die älteste zieht vorn, während die jüngere hinten schiebt. Auf dem Wagen liegt Holz, das im Wald gesammelt wurde. Unabhängig vom Wetter kommen sie, zweimal am Tag. Nachdem ihre Männer und Söhne verschwanden, wohnen sie zusammen, um die Probleme des Lebens besser zu bewältigen. Lange gab es keine Kohlen zu kaufen, deshalb das Holz aus dem Wald. Der Krieg nimmt alle Vorräte, er soll 'bis zum Endsieg' geführt werden.

Hier im Büro haben wir Kohlen – ich lege zwei Stücke in den Ofen. Jeden Tag nehmen wir einige für unsere Baracke im Häftlingslager mit. Auch da heizen wir 'für den Endsieg'. Wir machen es uns gemütlich – während wir warten.

Maurice kommt in den Raum. Er ist noch französischer als ich mir Franzosen früher vorstellte und arbeitet in der Bauleitung als Kalfaktor.

Er spricht schlecht deutsch. Für einen echten Franzosen bedeutet das aber nichts, er spricht den ganzen Tag mit den Schultern, den Armen, mit dem Gesicht – ja mit dem ganzen Körper.

Ich schütze immer die Schreibmaschine, wenn Maurice kommt, um sauber zu machen. Mit großen, eleganten Armbewegungen geht er mit einem trockenen Lappen und wirbelt den Staub hoch. Wieder und wieder wischt er dieselben Gegenstände, und der Staub fällt wieder herunter. Für Maurice ist es am wichtigsten, daß er die Arme bewegen kann, während er spricht.

Plötzlich hängen seine Arme schlaff herunter und er betrachtet mich: "Was du glauben?", fängt er an, "was du glauben von Krieg? Du glauben Krieg auch nächster Winter? Du glauben Weihnachten hier?" Die ganze Gestalt zeigt Hoffnungslosigkeit.

"Nein", erwidere ich, "der Krieg wird bis Weihnachten kaum beendet sein. Ich glaube aber, daß ganz Deutschland zu dem Zeitpunkt zum Stillstand gebracht sein wird. Die Produktionsmittel werden nach und nach zerstört, und was die Fabriken trotzdem herstellen, kommt über zerstörte Verkehrsmittel nicht mehr zum Verbraucher."

"Oui, oui", sagt Maurice, "Was aber mit Menschen? Wollen deutsch Mensch mehr Krieg?"

Hier haben wir wieder diese Frage, die in der Baracke immer wieder diskutiert wird. Ich antworte nach meiner Überzeugung: "Nein die

Deutschen wollen nicht mehr Krieg".

"Mais..." Maurice ist wieder eifrig geworden. "Pourguoi done dieser Krieg?"

Die Frage ist unangreifbar logisch – für einen Franzosen. Für ihn ist es unbegreiflich, das Menschen, die den Krieg nicht wollen, ihn doch mitmachen.

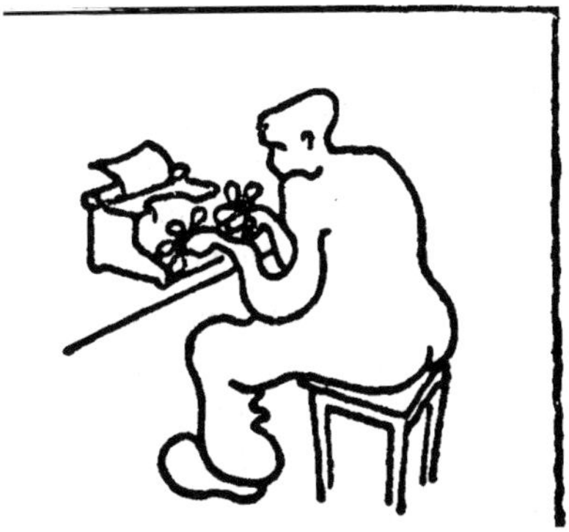

Mit großen, fragenden Augen schaut er mich an. Die Arme stehen wie zwei Fragezeichen. Kopf und Schultern illustrieren das dritte Fragezeichen, wie es nur ein Franzose tun kann.

Und wie ich es immer versuche, ihm das klar zu machen, mache ich einen erneuten Versuch:

"In diesem Land haben die Vorgesetzten immer recht. Keiner will, oder wagt es, eine andere Meinung zu haben, als der Vorgesetzte. Und keiner will oder wagt es, etwas anderes zu tun, als was ihm befohlen ist. Wer das tut, bricht das einzig wahre Gebot des Lebens: 'Du sollst Disziplin halten'. Hitler ist der oberste Vorgesetzte. Er wird kaum jemals den Befehl geben, der Krieg solle beendet werden".

"Ich nicht verstehen – ich nicht verstehen – nicht verstehen!" Maurice schlägt mit seinem Lappen. "Ich nicht verstehen diese Mensch. In Frankreich nicht so..."

Er macht eine kleine Pause, schaut mich an, um zu sehen, ob ich ihm glaube, dann fährt er fort und ich entnehme: 'In Frankreich, sei ein Mann ein Mann, und eine Meinung sei eine Meinung. Jeder Mensch wolle eine Persönlichkeit sein, am liebsten ganz unterschiedlich von jedem anderen. Diese Deutschen wollen alle gleich sein, lieben die Uniform, wollen immer dasselbe meinen wie jeder andere. In Frankreich kauft ein Mann einen Hut. Wenn er sieht, daß sein Freund den selben Hut trägt, wirft er seinen in den Mülleimer.'

Maurice wurde von einem Zivilisten unterbrochen, der direkt in den Raum kam und zum Chef ging, ohne zu grüßen.

Lange beobachtet Maurice die Tür, die sich hinter dem Besucher geschlossen hat. "Nein, ich nicht verstehen. Sie nicht wie wir. In Frankreich sagt man immer 'Bonjour' – aber hier..."

Maurice schüttelt den Kopf und fährt mit seiner besonderen Art Staub zu wischen fort. Er ist zum Fenster gegangen und zeigt hinaus: "Flach oder viereckig – grau oder braun – und die Menschen unterscheiden sich nicht voneinander. Zu Haus ist das Land hügelig und unregelmässig mit komischen, kleinen Häusern dazwischen. Alles ist grün und die Menschen sind alle verschieden..."

Plötzlich wird Maurice sehr aufgeregt. Augen, Schultern und Arme drücken Entsetzen aus. Was ist ihm plötzlich eingefallen? "Wie spät?" Er schaut vorsichtig gegen die Tür des Chefs. Ich hab keine Uhr, sehe aber den Schatten auf meinem Arbeitstisch und schätze halb zehn.

"Katastrophe!" Maurcie wirft seinen Lappen in einen Schrank und verschwindet aus dem Zimmer. Ich weiß, was jetzt passieren soll und horche.

Vom Büro des Chefs höre ich ein Gespräch, es ist der Zivilist, der irgend etwas mit dem "Fuchsbau" zu tun hat.

Dann höre ich leise Musik vom Schlafraum her.

Der Chef, Pörschmann, ist die Ausnahme, die die Regel bestätigt. Den Häftlingen gegenüber benimmt er sich immer korrekt, ritterlich.

Sonst kann er wütend werden, schreien bis ihm die Stimme versagt. Ob der andere Zivilist ist oder Militär, ob untergeordnet oder mit einem höheren Dienstgrad, das bedeutet nichts. Die hilflosen Häftlinge aber hören nie ein hartes Wort.

Maurice hatte er vor dem sicheren Tod gerettet. Der Franzose arbeitete in einem sehr schweren Kommando. Er, der Lehrer mit musikalischen Interessen, kannte solche Schwerstarbeit nicht, und war schon so entkräftet, daß er nicht mehr mitmachen konnte. Der Weg zum Krematorium war schon sehr kurz. Pörschmann kam vorbei, bestellte sich den Häftling in sein Büro, und nach einigen Wochen funktionierte Maurice wieder.

Anfangs fiel es uns schwer zu vergessen, daß Pörschmann eine SS-Uniform trägt. Nach und nach erlebten wir sogar, wie er auch andere Männer beeinflußte. Sie bewahren alle einen Abstand zu uns. Alles ist aber korrekt und wir haben eine gute Gelegenheit, den Unterschied zu anderen SS-Dienststellen zu beurteilen.

Natürlich hatte Pörschmann keinen Einwand als Maurice anfing, das Rundfunkgerät im Schlafraum während der Arbeit zu benutzen. Deshalb kommt jetzt Musik, das bedeutet daß Maurice Betten baut, Stiefel

BRAKKEBYGGING

putzt und den Fußboden wäscht. Vielleicht versucht er auch, den Staub aufzuwirbeln.

Dann wird die Musik aber schwächer und bald hören wir sie nicht mehr.

Plötzlich wird die Tür vom Chef aufgerissen und Pörschmann läuft durch den Raum. Er ist außerordentlich energisch, läuft immer und hat es eilig. Er reißt die Tür zu seinem eigenen Raum auf – ich horche.

Jetzt höre ich wieder schwache Musik von dort. Pörschmann rumort in einem Schrank. Dann höre ich – "tres bien, Maurice, tres bien!" Dann eilt der Bauleiter zurück zu seinem Büro, jetzt mit einem Buch in der Hand.

Und Maurice? Ja, er hat es wieder geschafft. Was war wohl "tres bien"? Er war offenbar mit den Tätigkeiten des Franzosen zufrieden. Und Pörschmann kommt gerne mit einer freundlichen Bemerkung, wenn es so paßt.

Pörschmann ist prima, aber auch kein richtiger Mann. Vor dem Kriege arbeitete er als Ingenieur in einer Baufirma. Die ersten Jahre des Krieges war er Pionier in der Wehrmacht, wurde dann zur SS überführt und als Bauleiter eingesetzt. Und der "Fuchsbau" ist eine wichtige militärische Anlage. Es wird gesagt, daß er sich unbeliebt gemacht hat, weil er eine Beförderung zum höheren Dienstgrad abgelehnt hat. Dadurch hat er Untergeordnete mit höherem Dienstgrad als er selber. Seine zweifellose Tüchtigkeit kann aber nicht entbehrt werden.

Ich hoffe, daß nie entdeckt wird, was Maurice jetzt betreibt. Für Pörschmann wäre das wohl eine große Enttäuschung. Wieder horche ich, kein Ton vom Schlafraum. "Maurice!" Der Ruf kommt vom Nebenraum.

"Jawohl, Rottenführer". "Meine Stiefel putzen, aber schnell!"

Anstatt einer Antwort, höre ich, daß Maurice über den Fußboden läuft und dem Rottenführer Liese die Tür öffnet. Ich höre nur: "Keine Zeit jetzt, die Strümpfe des Unterscharführers müssen zuerst gestopft werden..." Dann geht die Tür wieder zu.

Rottenführer Liese muß auf seine Stiefel warten. Denn jetzt hat Maurice wichtige Aufgaben. Es muß heute etwas besonders wichtiges sein, weil er so viel riskiert und sich nicht abbrechen läßt. Maurice hat aber auch eine unglaubliche Frechheit als Gnadengeschenk. Ein Norweger hätte dieses Spiel nicht so elegant treiben können wie dieser Franzose.

Die Stühle im Nebenzimmer kratzen gegen Fußboden. Das Gespräch ist zu Ende, und Pörschmann kommt mit dem Zivilisten. Das Buch, das er aus seinem Zimmer geholt hatte, hat er in der Hand. Jetzt folgt er seinem Gast zur Tür und dann wird er mit dem Buch in seinen privaten Raum gehen.

Ich sitze wie auf Nadeln. Wird es auch diesmal gut gehen?

Die zwei Männer gehen über den Fußboden. Plötzlich greift der Zivilist zu seiner Tasche. Er sagt etwas von einem Brief, und die beiden machen kehrt um, wollen wohl den Brief auf dem Schreibtisch holen.

Mit Blitzesschnelle eile ich aus den Raum, öffne die nächste Tür und sage nur "Pörschmann".

Maurice schaut von seinem Strümpfen hoch und winkt rasend, daß ich verschwinden müsse. Indem ich den Raum verlasse, sehe ich, daß Maurice schon an den Knöpfen des Rundfungerätes dreht.

Jetzt ist der Brief gefunden. Ich sitze an meinem Pult. Pörschmann folgt seinem Gast – und geht zu seinem Raum. Dann höre ich, daß er mit Maurice übers Strümpfestopfen spaßt.

Es ist ihm wieder gelungen. Tüchtig ist er, eines Tages wird es wohl aber schief gehen. Wer hätte wohl glauben können, daß eine Sekunde bevor er vom Strümpfestopfen aufsah, Nachrichten aus London gehört hat?

Vor Monaten hatte er entdeckt, daß London und Königswusterhausen genau auf derselben Linie auf der Skala des Rundfunkgerätes stand. Nur, daß der deutsche Sender Mittelwelle war und London Kurzwelle. Es war also kein Suchen nötig, nur den Knopf von Mittel zu Kurz drehen oder umgekehrt.

Heute hat Maurice ganz besondere Nachrichten bekommen. Mehrmals ist er schon gekommen, um mit mir zu sprechen. Jedes Mal paßte es aber schlecht. Mein Französisch ist so schlecht, daß wir deutsch sprechen müssen, und dann muß das Fahrwasser ganz klar sein.

Wieder geht Pörschmann durch den Raum und in sein privates Zimmer. Er singt ein Lied ganz leise und dreht am Rundfunkgerät. Jetzt kommt Musik aus Berlin. Plötzlich wird die Sendung unterbrochen, und wir hören: "Achtung, Achtung! Eine wichtige Sondermeldung". Sie wird für um 3 Uhr angesagt, dann geht die Musik weiter.

Ich habe eine Aufgabe im Barackenlager und gehe mit einem Posten hin. Es ist schwer zu verhindern, daß die Beine heute rennen. Denn die Nachrichten aus London und die Sondermeldung aus Berlin berichten dasselbe. Das worauf wir gewartet haben, ist eingetroffen. Ich drehe mich zum Posten um. Hat er die Nachrichten schon bekommen? Es sieht nicht so aus. Er ist genau so träge wie immer, während der Gewehrlauf gegen meinen Rücken gerichtet ist.

Schon lange sehen die Kameraden, daß ich komme. Vom halbfertigen Dach der Baracke hat man eine gute Aussicht. Ich komme kaum sonst hier her, es muß also etwas besonderes sein.

Der norwegische Vorarbeiter Suerre kommt auf mich zu. Wir sprechen etwas hin und her, über diese Baracke und über die nächste, die bald angefangen werden soll. Dann mache ich einen kleinen Aufenthalt in der fachlichen Besprechung und gebe ihm die Nachricht, die dann von Mann zu Mann weiter gehen wird:

"Starke alliierte Einheiten landeten heute früh an der Küste der Normandie. Auf der Strecke zwischen Cherbourg und der Mündung der Seine wird Frankreich von überlegenen Streitkräften in der Luft und auf der See angegriffen. Die Deutschen sind auf der Halbinsel Contentain schon weit zurückgeworfen..."

Suerre verzieht keine Miene. Er greift eine Säge und zeigt, wie schlecht sie ist. Ich verspreche, Pörschmann zu benachrichtigen.

Suerre gibt zwei anderen Häftlingen Bescheid, was sie mit einigen Barackenteilen tun sollen. Ich gehe weiter, um den Auftrag auszuführen, der die Tarnung des Besuchs war.

Revier

Ich muß ins Revier. Drei Tage hatte ich ausgehalten, jetzt geht es aber nicht weiter. Ich habe eine Temperatur 39,7 $^{\circ}$ C, und die Schmerzen im Hals sind übel. Hätte ich noch aufstehen können, würde mir der Arzt wohl Schonung in der Baracke gegeben haben. Die Beine tragen mich aber nicht mehr. Ich schaffe auch nicht mehr den langen Weg zum Abort.

Drei Tage hat mich der Arzt zum Revier überführen wollen. Heute muß ich kapitulieren.

Ich packe mein kleines Hab und Gut. Am wichtigsten ist das Päckchen vom dänischen Roten Kreuz. Christine Jepsen heißt die Absenderin. Sie ist Lehrerin und wohnt in Rödekro. Regelmäßig schickt sie mir ein Päckchen, obwohl ich für sie ganz unbekannt bin. Ich bin für sie nur ein Name, den das Rote Kreuz vermittelt hatte. Zwei Mal hat sie mir bereits einen Brief geschrieben. Sie erzählt, daß ihre Klasse jeden Tag ein norwegisches Lied singt.

Vielleicht würde es ihr nicht gefallen, was ich jetzt vorhabe. Ich habe bereits ein Stückchen Käse in der einen Hand und ein Stückchen Wurst in der anderen. Dazu habe ich noch eine Dose Ölsardinen und etwas Butter.

Das Problem ist, was ich dem Arzt geben sollte. Die Butter kommt nicht in Frage. Der Käse ist wohl zu wenig? Die Wurst möchte ich auch selber behalten.

Ich entscheide mich für die Ölsardinen und das Stück Käse. Wir haben einen Ukrainer als Arzt. Er ist ein anständiger Kerl, aber auch immer hungrig.

Der Helfer des Arztes ist auch Ukrainer. Er lächelt viel, und ist sehr hilfsbereit. Jetzt holt er mir Wasser in einem Eimer, und hat sogar etwas warmes Wasser bereit. Er spricht ein merkwürdiges Deutsch, und ich verstehe bei weitem nicht alles. Ich glaube aber, daß er meine Seife erwähnt. Ein Stück war im letzten Päckchen vom Roten Kreuz. Der Helfer wäscht meinen Rücken, während ich zitternd mühsam stehe. Der Fußboden ist eiskalt, deshalb läuft er wohl weg und kommt mit einem Brett zurück, worauf ich stehen soll. Dann kommt die Läusekontrolle und die Spritze, um mögliche Läuse oder Eier zu töten. Die Haare darf ich aber behalten, weil ich Germane bin.

Bad Saarow ist ein kleines Lager wo die Belegschaft zwischen 800 und 1000 wechselte. Die Häftlinge sind in vier Baracken untergebracht. Da gibt es auch eine Schreibstube, Schneiderei, und ein eigenes Zimmer für den Lagerältesten. In dem einem Ende der Baracke 3 liegt das Revier mit 18 Betten für Patienten. Sie stehen auch hier sehr dicht, aber nur 2 übereinander. Wenn der Raum auch nur eine Grundfläche von 25 m^2 hat, wirkt die Stube doch ganz anders und vor allem geräumiger als die gewöhnlichen Häftlingsräume.

Ich weiß nicht, ob er sein schwarzes Gewissen beruhigen will, oder ob auch er eine kleine Portion guten Willens hat. Tatsache ist aber, daß er verlangt, daß es im Revier anständig sein soll. Von der SS hat er natürlich nichts bekommen, womit er den Raum hätte ausstatten können. Das hat er aber auch nicht nötig. Denn von den verschiedenen Bauplätzen wo Häftlinge arbeiten, kann ja alles irgendwie "organisiert" werden, und der Kommandant klopft dem Arzt zum Glück auf die Schulter, wenn Farbe für die Wände und die Betten, Überzüge für die Wolldecken geklaut sind. Es sieht also nicht so übel aus.

Ich komme in die Krankenstube. Der Hund, der vor einigen Tagen in das Lager kam, läuft zwischen den Betten herum. Merkwürdig, daß er noch lebt, und nicht von einem Häftling längst geschlachtet wurde. Das übliche ist, man lockt die Hunde in das Lager, und im Waschraum wird dann geschlachtet und geschindet. Von da ist der Weg zum Suppenkessel sehr kurz. Ein Mal habe auch ich unter solchen Umständen Hundefleisch gegessen. Es schmeckt vorzüglich. Ein anderer Patient zeigt mir mein Bett. Er hat Tuberkulose und ist schon ein halbes Jahr im Revier. Er hat verschiedene Aufgaben und macht eigentlich den Stubendienst.

Mir gefällt, das mir zugewiesene Bett. Ich möchte aber dennoch lieber oben liegen.

"Arzt sagt, Bett hier", ist seine einzige Antwort.

Es ärgert mich, fange aber an, mich anzuziehen.

Wieder beobachte ich den Hund. Er sitzt jetzt so merkwürdig zwischen den Betten. Er ist doch wohl nicht dabei...? Aber doch! Ein Teich ergießt sich auf dem Fußboden!

"Raus mit dem Schweinehund!" schreie ich zum Stubendienst. "Siehst du es nicht?"

Mit großen, erstaunten Augen betrachtet er zuerst mich, dann den Hund und schließlich wieder mich. Sein Gesichtsausdruck läßt sich nicht mißverstehen. Ich muß schwer krank sein, wenn ich mich über so etwas natürliches derartig aufrege. Ohne sich um mich weiter zu kümmern, beschäftigt er sich weiter mit dem Braten von "organisierten" Kartoffeln auf dem Ofen.

Ich fühle mich elend, habe keine Kräfte für einen weiteren Streit und krieche in das angewiesene Bett. Jetzt fühle ich mich fast wohl auf einer richtigen, "organisierten" Matratze und einem sauberen Laken, und unter einer Wolldecke in einem sauberen Überzug.

Plötzlich bekomm ich eine Idee. Ja, das muß ich sofort untersuchen. Ich stehe auf und untersuche die freien Oberbetten. Ja, wie gedacht. Sie haben alle gebrauchte, schmutzige Bettwäsche. Nur auf meinem Bett ist es sauber. Deshalb hat mir wohl der Arzt gerade dieses Bett angewiesen. Ich denke an den Käse, den ich ihm gab, und gucke zum Mann hin, der seine Kartoffeln brät.

Mit großen, erschrockenen Augen starrt er mich an, und sieht, daß ich die leeren Betten betrachte. Er glaubt offenbar, daß ich sehr, sehr krank sein muß. Dann geht er zur Pfütze auf dem Fußboden, aber doch weiter aus dem Zimmer.

Ich lege mich hin, es kann vorteilhaft sein, daß er denkt, daß ich ein sehr Kranker bin.

Wieder höre ich sanfte Schritte über den Fußboden, er geht barfuß. Unruhig geworden richte ich mich plötzlich auf – was gibt es jetzt? Ich sperre die Augen auf – der Mann hat einen Besen geholt und will die Pfütze wegfegen. Stumm sehe ich, daß er das Wasser nur mehr verteilt. Dann geht er zurück zu seinen Kartoffeln.

Es ist Abend, und Kameraden sind zu Besuch gekommen. Sie haben eine eiserne Schüssel mit, und die enthält Hafergrütze mit viel Zucker. Das Schlucken tut weh, die ganze Portion verschwindet aber natürlich.

In der Nacht geht es mir schlechter. Die Schmerzen in den Ohren, die ich anfangs als Einbildung empfand, nehmen zu, und am Morgen bin ich richtig krank geworden.

Ich bin in ganz miserabler Laune, glaube, daß es durch verschlossenen Fenster verursacht wird.

Kameraden kommen kurz vor dem Morgenappell noch einmal. Es ist Freitag, und das wöchentliche Auto zum Hauptlager steht bereit. Sie haben einem norwegischen Arzt angeschrieben, und um eine neue Medizin gebeten. Denn wir wissen, daß das schwedische Rote Kreuz eine große Sendung mit verschiedenen Medikamenten geschickt hatte.

Der Arzt kommt mit der Medizin für mich und auch mit einem Thermometer. Etwas anderes kann er der Krankenbaracke nicht anbieten.

Ich habe viel Zeit und betrachte den Tuberkulosepatienten, der ein merkwürdiger Krankenpfleger ist. Er trägt nur ein altes Hemd, das über die Unterhose hängt. Er ist immer barfuß und ungewaschen.

Jetzt geht er von Bett zu Bett und sammelt die Blechschüsseln, die für den Kaffee–Ersatz benutzt worden waren. Sie werden auf dem Fußboden gestapelt. Über dem Ofen hängen Bandagen, die einem Patienten mit üblen Geschwüren gehören. Daneben sehe ich einen Waschlappen und ein Paar Strümpfe. Auch auf dem Ofen der jetzt kalt ist, steht ein Eimer mit Wasser.

Jetzt fängt das Aufwaschen an. Alle Blechschüsseln kommen in den Eimer, und werden dann abgetrocknet. Dann wird alles auf dem Fußboden gestapelt.

Ich liege nur und kucke – und kucke. Dazwischen beobachte ich die anderen Patienten, die sich auf lauter verschiedenen Sprachen unterhalten – und kucke weiter. Es scheint alles ganz natürlich für die anderen. Endlich ist das Aufwaschen fertig. Die Hände werden am Hemd getrocknet, der Eimer kommt zurück auf den Ofen. Der Waschlappen wird zu den Bandagen und den Strümpfen aufgehängt, dann bewegen sich die nackten Füße wieder zwischen den Betten. Und die Schüsseln stehen für das Mittagessen bereit.

Der Hals tut weh, wenn ich ihn bewege, trotzdem tue ich es, um die Schüsseln neben mir sehen zu können. Vielleicht gehört diese dort dem

Kerl in der Ecke, der von Ruhr angegriffen ist. Ich suche mit den Augen umher und finde meine Schüssel, sie hatte eine charakteristische Beule. Ich bin aber zu schlaff, um mich weiter mit solchen Unwesentlichkeiten zu beschäftigen.

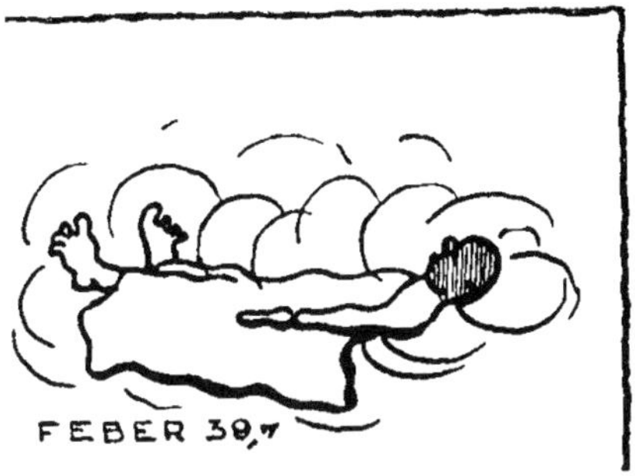

Die Person dort neben den Betten hat Besuch bekommen. Einer der Patienten mit Phlegmonen ist aufgestanden und betreibt etwas am Ofen. Trotz der Entzündungen wirkt er fröhlich und vergnügt, denn die ganze Zeit tönt eine Volksmelodie.

Plötzlich geschieht etwas neues. Der Mann holt ein riesiges Plätteisen von einem Schrank. Dann kommen einige Kleidungsstücke zum Vorschein. Es ist eine zivile, neue Jacke und eine Hose, alles prima Stoff. Er sieht, daß ich ihn betrachte und kommt mit den Sachen zu meinem Bett.

"Für Vorarbeiter Fuchsbau", sagt er stolz.

Alles ist mit der Hand genäht, offenbar von einem tüchtigen Schneider ausgeführt. Irgend jemand hat den Stoff wohl "organisiert", hat es dem Vorarbeiter angeboten und Essen und Zigaretten dafür bekommen. Jacke und Hose haben die vorgeschriebenen Ausschnitte, die mit irgend einem stark gefärbten Stoff ausgefüllt sind. Dazu kommt noch die Häftlingsnummer an der Brust, und der Anzug darf getragen werden.

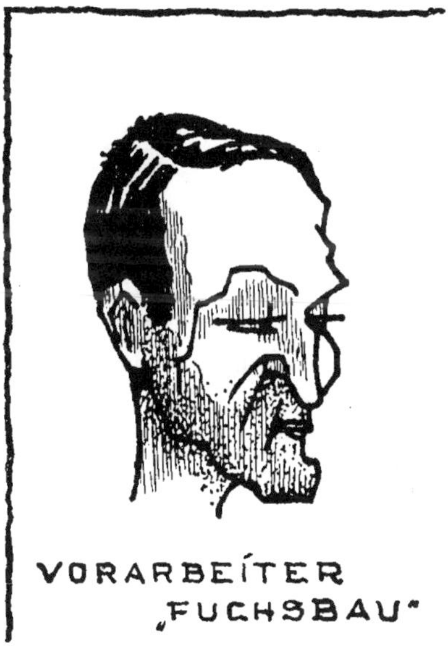

"Ja, ja", sage ich und gebe ihm die Kleidungsstücke zurück. "Nette Sachen". Gleichzeitig überlege ich mir, was der Schneider wohl für die Arbeit bekommen hat. Höchstens zwei Brote. Er bezahlt übrigens gut, der Vorarbeiter vom "Fuchsbau". Er hat es gewußt, seine Situation gut auszunutzen. Viele Zivilisten draußen in der Freiheit verdienen viel weniger als er. So

geht es also, wenn man es versteht, mit SS–Männern den ganz großen Schwindel durchzuführen, besonders mit dem Verkauf von Baumaterialien von den verschiedenen Bauplätzen.

Das Plätteisen steht jetzt auf dem Ofen, und es wird kräftig geheizt. Die Temperatur im Raum steigt, im Bett ist es unangenehm warm geworden. Die Vorbereitungen zum Plätten gehen weiter. Ein Brett wird über zwei Bänke gelegt, dann kommt eine Wolldecke vom Bett. Eine Flasche mit Wasser steht auch bereit.

Der Mann fängt mit der Hose an. Vorsichtig glättet er die Falten. Dann greift er das Plätteisen mit der rechten Hand und die Flasche mit der linken. Zu meiner großen Überaschung füllt er den Mund mit Wasser und spritzt über die Hose, während die Lippen kräftig vibrieren. Es zischt, und Dampf füllt den Raum. Das Wasser im Eimer kocht auf, und die Luft ist für kranke Menschen kaum zu ertragen. Sie haben keine Wahl...und das Leben geht weiter.

Die Medizin aus Schweden wirkte fabelhaft. Nach drei Tagen bin ich wieder gesund.

Reichsführer SS Himmler hat bestimmt!

Wieder habe ich eine schwere Aufgabe bekommen. Was soll ich den Armen sagen?

Ich wende mich an den einen Häftling der vor der Tür steht: "Weißt Du wo der Junge ist, der versuchte zu fliehen?"

Mein Gott, was für eine Frage! Er schaut mich auch unverstehend an. Ich ärgere mich über das, was ich gesagt habe, und versuche es noch einmal: "Habt ihr einen jungen Mann mit einer Bandage um den Kopf gesehen?"

Jetzt versteht er und fragt: "Meinst du Ivan?" Er geht vor mir, und ich folge ihm mit einer Dose Sardinen und einem kleinem Stück Käse. Die Einwohner der Jugendabteilung betrachten die Köstlichkeiten mit begehrlichen Augen, geben mir aber Platz. Es ist die Ehrerbietung der Armen den Reichen gegenüber. Sie lächeln hungrig und drücken sich zurück, weil die Oberklasse passieren will. Diesmal ist es sogar der Vertrauensmann der Norweger, der alles besitzt, was einen Wert hat.

Mein Ärger steigt. Ich fühle mich unwohl, weil ich meine Aufgabe nicht beherrsche, weil die Jungen so untertänig auftreten.

Zwischen den Kojen sehe ich den bandagierten Kopf. Ein Junge sitzt da und schaut mich an. Der ganze Schädel ist in Papier eingepackt, das Gesicht ist gelb und blau, die Spuren vieler Schläge.

Er steht dennoch auf und lächelt. "Du heißt Ivan?", frage ich. "Wie geht es dir?" "Jetzt geht es gut", erwidert er, während er mich freundlich ansieht.

Es ist eine besonders hübsche Gestalt, weiße Zähne und dunkle Augen in einem offenen, regelmäßigen Gesicht.

"Du hast wenigstens alle Zähne behalten." Ich versuche einen munteren Ton zu finden. Er nickt und lächelt wieder.

"Hat dich die Polizei so behandelt?" "Ja, es war schlimm, der Bauer war aber noch schlimmer".

"Eine dumme Geschichte, was auf dem Hof geschah."

"Hatte keine Wahl", sagt er. "Drei Tage ohne Essen, ich mußte etwas haben". "Dann machtest du einen Einbruch und wurdest erwischt?"

Meine Bemerkung hat eine ganz unerwartete Wirkung. Er schaut mich verzweifelt an. "Ich glaube, daß sie dich deshalb so geschlagen haben", versuche ich.

Kein Wort kommt über seine Lippen, die Augen sagen aber alles. Ich habe einen furchtbaren Fehler gemacht. Denn ein Häftling der stiehlt, wird immer gehängt. Verdammt auch! Das wollte und sollte ich ja umgehen!

"Ich stahl nicht", erwidert er schwach, "ich klopfte nur an die Tür. Als der Bauer öffnete, sah er

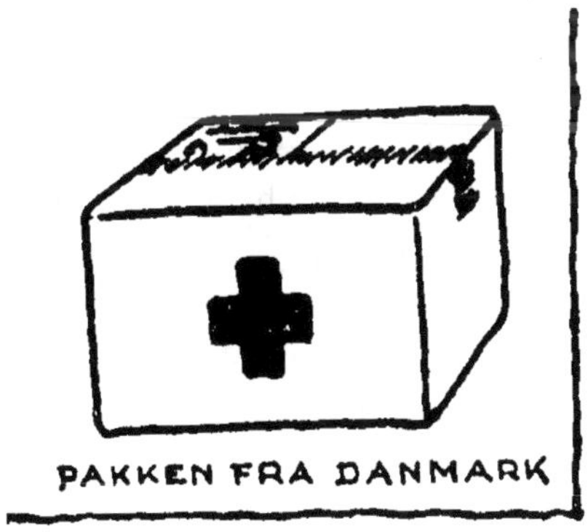

wohl die Häftlingskleidung. Er ging direkt auf mich los – ohne ein Wort. Andere Männer kamen zu. Sie schleppten mich in die Küche und schlugen bis ich ohnmächtig dalag."

Er ist Russe und erzählt mir jetzt seine Geschichte. So oft habe ich mich über diese Leute gewundert. Sie führen nicht ein Gespräch wie wir es tun, mit Fragen und Antworten. Unter ihnen spricht immer nur einer. Stundenlang kann derjenige sein Selbstgespräch führen. Er lebt in seinem Bericht mit, und die Zuhörer verfolgen mit Lächeln und Grimassen jede Einzelheit. Im Augenblick existiert nichts anderes.

Jetzt bin auch ich ein perfekter Zuhörer.

"Sie benutzten Bretter, eine Schippe und einen Stuhl. Als ich zu Bewußtsein kam, war die Polizei da, und es ging wieder los. In meiner Tasche hatten sie einige Kartoffeln gefunden."

Ich frage natürlich nicht, wo er die gefunden hatte.

"Wo wohntest du vor der Flucht?" Ich konnte mich nicht erinnern, sein Gesicht früher gesehen zu haben. Er kann also kaum in der Jugendabteilung, gewesen sein, sie liegt dem Norwegerraum gegenüber.

"Baracke 3", antwortet er.

"Dann bist du also mehr als 18 Jahre alt? Denn sonst hättest du hier wohnen müssen."

"Ich bin 19 Jahre alt", antwort er. "Ja, du hast es hier besser als drüben in Baracke 3. Hat man dir etwas angetan nach der Rückkehr zum Lager?"

"N–e–i–n", kommt die Antwort ganz langsam. Er findet es nicht notwendig zu erzählen, daß er von heute morgen bis zum Abend auf dem Appellplatz mit gebeugten Knien hocken mußte. Es war eisig kalt, er aber mußte mit vorgestreckten Armen, ohne Mütze und Mantel da bleiben.

"Durftest du die Schuhe anbehalten?" "Ja, glücklicherweise. Und der Lagerälteste kam heute vormittag mit guten, neuen Schuhen."

Ich betrachte sie – hölzerne Sohle, Textilien anstatt Oberleder, aber nicht vorbenutzt. Wie kann ein Mensch aber den ganzen Tag mit gebeugten Knien so sitzen?

Es ist aber vieles bei diesen Russen, was ich nicht verstehe. Vorige Woche flohen zwei von ihnen. Nach einigen Tagen wurden sie erwischt, wonach sie drei Tage mit gebeugten Knien hockten. Dann ging es zur

Strafkompanie nach Sachsenhausen. Einige Tage später war der eine wieder auf der Flucht. "Der Lagerälteste ist ein guter Mann", sagt der Junge. "Er war es, der mir hier bei den Jugendlichen einen Platz verschaffte, und hier gibt es ja mehr zu essen". Er lächelt dankbar.

Ich schäme mich über seine Dankbarkeit. Denn er denkt an die Lagersuppe, die wir Norweger den Jugendlichen überlassen, weil wir Nahrungsmittel vom dänischen und schwedischen Roten Kreuz bekommen.

"Ich habe etwas für dich mitgebracht", sage ich und lege ihm die Konservendose und das Stück Käse hin. "Ich werde dir auch etwas Butter bringen. Es kommt alles von meinen norwegischen Kameraden. Eß alles heute auf. Denn wenn du morgen nach Sachsenhausen kommst, riskierst du daß der Blockälteste es dir wegnimmt."

Während ich spreche, verstehe ich, daß es wieder die verkehrten Worte waren. Denn von neuem sind seine Augen mit Angst gefüllt. Er schaut mich steif an, sagt nichts, dankt nicht. Ich weiß nicht, was ich tun soll, stehe unglücklich da, nehme seine Hand und sage unsicher, daß es bestimmt gut gehen wird. Die Strafkompanie ist schließlich nicht so übel. Er drückt meine Hand, sagt kein Wort. Langsam werden seine Augen mit Tränen gefüllt. Er versteht alles. Er hat alles bekommen, weil wir Mitleid mit ihm haben, er der gehängt werden soll.

Endlich, während die Tränen kommen, sagt er: "Ich wäre so gerne zu Weihnachten bei euch gewesen." Ich schaffe es nicht länger, klopfe ihm nur noch auf die Schulter und sage, daß der Krieg bald zuende ist. Dann gehe ich.

Draußen ist es noch dunkel und kalt. Ehe wir zum Morgenappell antreten, soll der Barackenraum in Ordnung sein. Deshalb müssen wir uns im Korridor oder draußen aufhalten.

Heute nacht kam ein Auto aus Sachsenhausen, es steht immer noch auf dem Appellplatz. Die Häftlinge sind gespannt, hoffentlich hat es Weihnachtspäckchen aus der Heimat mitgebracht.

Und die Gedanken gehen wieder nach Hause. Da haben sie es auch nicht fett, sparen aber, um uns etwas für Weihnachten schicken zu können.

Ich betrachte den Sternenhimmel und denke daran, daß er in meiner Heimat fast genauso aussieht. Das kürzt den Abstand zu meinen Lieben.

Mutter war die erste, die mir von den Sternen erzählte. Sie sehen alles, was auf der Erde passiert. Sie sind froh, wenn wir uns freuen, und sind traurig, wenn wir trauern. Wenn ein Mensch stirbt, fällt ein Stern zur Erde. Während des Appells beobachte ich immer noch die Sterne. Was sehen sie wohl heute? Hinter dem Horizont sind die Fronten. Eine Unendlichkeit von Angst, Sorge und Grauen wird zu sehen sein, und nicht nur wo die Armeen kämpfen, sondern mehr oder weniger überall.

Wir warten...

Worauf?

Wir wissen es nicht. Die Kolonnen bleiben aber stehen – und warten. Ein kleiner Tisch steht vor Baracke 2, der Lagerälteste schaut steif gegen das Tor. Ich sehe den selben Weg und entdecke einen Personenwagen. So früh ist das eine Seltenheit.

Ein schlotteriger Mann kommt von der Küche und geht zum Lagerältesten. Er lacht und klopft ihm auf die Schulter. Der Lagerkommandant schreitet durch das Tor und geht auf die zwei zu. Er sagt offenbar etwas witziges, denn der Mann von der Küche lacht. Er fühlt sich merkwürdig frei, dieser Kerl. Ich habe noch nie so einen Häftling gesehen, er wirkt fast mit dem Kommandanten befreundet.

Jetzt steht dieser SS–Mann und schaut gegen das Tor. Etwas besonderes wird offenbar erwartet. Der Lagerälteste geht noch einmal und richtet die Kolonnen der Häftlinge schnurgerade ein. Wer ist der schlottrige Häftling? Er muß heute in der Nacht mit dem Auto gekommen sein.

Ein kleiner Mann in Offiziersuniform kommt durch das Tor. Mit langsamen, gleichgültigen Schritten bewegt er sich zum Kommandanten. Ich erkenne ihn sofort wieder, es ist Obersturmführer Höhne – der Teufel aus Sachsenhausen.

"Das Ganze – stillgestanden!" Der Lagerkommandant hat selber den

Befehl übernommen. Er macht Kehrtum und überträgt dem kleinen SS–Mann die Abteilung. Höhne hat die eine Hand in der Tasche während er die Meldung empfängt. Mit der anderen hält er die Handschuhe.

So langsam verstehe ich, was vorbereitet wird, und folge dem Schlotterigen mit den Augen. Er läßt einen anderen Häftling den kleinen Tisch an eine Birke tragen. Etwas liegt unter dem Baum. Er greift es und steigt auf den Tisch.

Die Ahnung wird Gewißheit. Aber so etwas ist bisher immer im Hauptlager durchgeführt worden... Da hat man alles was dazu gehört – und außerdem ein Krematorium.

Der Mann auf dem Tisch reckt sich und legt ein Seil um den Stamm und schlägt einige Nägel, damit das Seil gleiten soll. Schließlich zieht er am Seil, um zu zeigen, daß alles in Ordnung ist. Auch dieser Fachmann macht sorgfältige Vorbereitungen. Der Kommandant gibt dem Lagerältesten einen Befehl. Er wünscht Dolmetscher.

Ein Russe wird gerufen. Ein Elsässer soll Französisch sprechen, ein Pole müsse auch antreten. Was aber mit den Norwegern? Geht man davon aus, daß alle deutsch verstehen? "Der norwegische Dolmetscher!"

Ich bleibe stehen, denn ich bin ja nur Vertrauensmann. Dolmetscher, das muß ein anderer übernehmen können. Im Augenblick habe ich vergessen, daß es offiziell keine Vertrauensmänner gibt. Das ist grundsätzlich verboten. Ich stehe in vorderster Linie, und plötzlich bin auch ich ein Dolmetscher. "Kommt näher! Kommt alle näher, damit ihr besser sehen könnt!" Der Kommandant winkt mit beiden Armen. Er will, daß wir so dicht wie möglich um den Baum stehen sollen. Es geht zu langsam, und er ist ungeduldig. Er brüllt, daß es mit der Aufstellordnung nicht so wichtig sei.

Tausend Häftlinge stehen und warten. Zwei Häftlinge stehen daneben. Der eine ist der Schlotterige – der andere ist Ivan. Der eine Henker, der andere Opfer.

Sie kamen wohl heute nacht gemeinsam im Auto von Sachsenhausen, und fahren wohl am Abend gemeinsam zurück. Morgen wird der

Henker wie gewöhnlich wieder im Krematorium arbeiten.

Ivan schaut gegen den Boden. Der Henker schaut in die Luft. Beide stehen nur – und warten. Höhne ist einige Schritte nach vorne getreten. Er hat ein Papier in der Hand.

"Reichsführer SS, Heinrich Himmler, hat den russischen Staatsangehörigen ... zum Tode durch den Strang verurteilt." Höhne hat seine Vorlesung beendet.

Ivan wird zum Baum geführt. Er ist scheinbar ganz unberührt. Der Henker geht neben ihm.

Der russische Dolmetscher tritt vor. Dann muß ich übersetzen, was Himmler bestimmt hat. Ich muß mich bis zum Äußersten anstrengen, damit die Stimme einigermaßen ruhig wirkt.

Der Henker steigt auf den Tisch und winkt Ivan zu sich. Langsam, wie ein Nachtwandler, steigt er auf den Tisch. Es ist dort oben kaum für beide Platz. Ivan bekommt die Schlinge um den Hals. Mit keiner Miene verzieht sich das Gesicht dort oben.

Ich bin noch beim Übersetzen, als der Henker vom Tisch hinuntersteigt. Ruhig geht er hinter Ivan, greift die Tischplatte und wirft den Tisch um.

Ivan schwenkt etwas hin und her. Dann schneidet der Henker den Strick durch, mit dem die Hände gebunden waren.

"Arbeitskommandos antreten!"

Die Häftlinge gehen zu ihren Kommandos.

Es wird eng, wenn die vielen kleinen Gruppen mit ihren Vorarbeitern aufgestellt werden. Die Rohrleger und Barackenbauer haben es heute besonders eng, weil Ivan an ihrem Platz hängt.

"Aber Menschenskinder – Ihr Rohrleger da – Seitenrichtung und Vordermann – Ihr habt einen Vogel! Der Kommandant droht mit der Faust gegen den Vorarbeiter – das Kommando soll genau wie gewöhnlich, zu fünfen antreten!

Ivan hängt zwischen zwei Rohrlegern. Seine Füße sind nur einen Fuß über dem Boden, und im Licht von den Scheinwerfern ist das Seil nicht so leicht erkennbar. Es sieht aus, als ob ein besonders großer Mann heute zum Arbeitskommando gehört.

Wir marschieren durch das Tor. Neben mir geht Maurice. Sonst spricht er gerne, heute aber ist er still. Wie so oft, schaue ich auf die Sterne während ich marschiere. Ja, dieser Himmel ist fast derselbe wie der in der Heimat. Was lehrte mich Mutter damals von den Sternen?

Das dritte Mal Weihnachten

Ein großes Arbeitskommando ist am "Fuchsbau" eingesetzt. Rundum wird der Mutterboden weggenommen und bald werden riesige Bagger ihre Arbeit beginnen. Eine halbe Million Kubikmeter Sand wird da geholt, um über den Betonbunker geschüttet zu werden. Eine Gesamthöhe von 25 Metern ist vorgesehen. Dann wird der Mutterboden wieder aufgetragen. Gras und Büsche sind eine ideale Tarnung, damit die Flieger dort oben nichts sehen können.

Es ist Mitte Dezember und kalt. Ragnar und Sverre haben einen Plan. Ein Teil der Vorbereitungen besteht darin, daß sie ein gutes Verhältnis zu den SS–Posten erreichen. Der Vorarbeiter ist schon mit Zigaretten "gekauft". Das Abzeichen an seinen Häftlingskleidern zeigt, daß er Zigeuner ist und als Berufsverbrecher gilt. Den ganzen Tag geht er zu den Arbeitsplätzen und schlägt Häftlinge mit einem Knüppel, wenn sie nicht tüchtig genug arbeiten. Die Norweger läßt er aber in Frieden.

Ragnar ist unser tüchtigster Diplomat. Er weiß wie man Kontakte zu anderen Menschen herstellt, wie man ein Gespräch anfängt und sich zielbewußt den Problemen nähert. Jetzt ist er dem Posten so nahe gekommen, daß er etwas hat sagen können. Er lächelt freundlich und merkt, daß der SS–Mann ihn ohne Widerwillen anschaut. Einige Worte, und schon wird etwas von Frau und Kind gesagt. Langsam nähern sie sich dem heißen Punkt: bald haben wir Weihnachten. Nichts macht einen Deutschen so weich, wie gerade diese Themen.

Es geht wie immer. Während Ragnar spricht, sucht der SS–Posten in seiner Uniform. Er zieht ein Taschenbuch hervor. Es wird vorsichtig geöffnet und da liegen die Familienbilder.

Für den Posten ist dies durchaus gefährlich, denn jede Form von Verbindung mit den Häftlingen ist natürlich strengstens verboten. Aber nichts kann einen Deutschen davon abhalten, Familienbilder zu zeigen, auch wenn er einem Häftling gegenüber steht.

Ragnar schippt Sand in seinen Schubkarren, schiebt ihn zu dem wachsenden Haufen und kommt zurück. Jetzt geht die Arbeit aber langsamer. Nach vier oder fünf Spatenstichen kommt eine Pause, wo mit dem Posten geredet wird. Das Thema ist die Verbindung mit der Heimat. Nein, der Posten bekommt wenig Nachrichten, und nie Päckchen mit Süßigkeiten, Zigaretten oder sonst etwas besonderes. Die Familie hat es wohl auch nicht so fett...

Wieder schiebt Ragnar seinen Karren. Die richtigen Bewegungen sind eingeübt, und jetzt kommt es nicht mehr vor, daß das kleine Fuhrwerk umkippt ehe es am Ziel ist. Nun ist er wieder zurück.

"Sie verstehen, wir hätten so gerne einen kleinen Weihnachtsbaum in der Baracke..." Er holt eine Schachtel Zigaretten aus der Tasche.

Der Posten sieht die Schachtel und versteht, was vorgeschlagen wird. Er hat aber noch nicht seinen Entschluß gefaßt.

"Keiner würde jemals sehen, daß ein kleiner Baum in der Pflanzung fehlt." Ragnar und der Posten schauen sich die Sache an, Tausende von Weihnachtsbäumen, dicht am Arbeitsplatz.

Nach einer kleinen Pause legt Ragnar die Schachtel auf ein Brett. Der

Posten hebt sie auf, und der Fall ist erledigt. Ragnar darf jetzt zwischen die kleinen Bäume gehen und sucht sich einen aus...

Das Arbeitskommando marschiert in das Lager zurück. Die Posten gehen auf beiden Seiten. Die Gewehre unter dem rechten Arm an den Körper gedrückt, fertig zum Schießen.

Die Häftlinge denken wohl an die Suppe, die sie erwartet. Alle, außer Ragnar und Sverre. Sie gehen mitten in der Kolonne und tragen etwas zwischen sich. Die Äste sind gegen den Stamm gebogen und zusammengebunden, so daß ein Stab daraus geworden ist.

Die Kolonne ist zum Lager gekommen und marschiert den Zaun aus Stacheldracht entlang. Kein Wort wird gesagt, alle sind gespannt. Nur das Klappern der Holzschuhe wird gehört. Die zwei mitten in der Kolonne schauen den Zaun entlang, Wachtürme und Posten. Das Vorhaben ist nicht ohne Risiko. Denn das Bäumchen ist deutsches Eigentum, und Beschädigung kann als Sabotage beurteilt werden. Da wird die Todesstrafe verhängt. Jetzt ist die Gelegenheit da, und in einem eleganten Bogen fliegt der Stab über den Zaun.

Nichts passiert.

Ein kleiner Russe zieht mich an der Jacke. Es ist "Kleine Bouillon". Jeden Tag fragt er jeden Mann im Kommando, ob er vielleicht "eine kleine Bouillon" für ihn hätte. Er ist dadurch rund geworden wie ein kleines Ferkel, denn er ist schlau und energisch, der kleine Schauspieler. Bei ihm läuft ein kleines Geschäft. Denn wo er ist, wird geklaut, und alles in Lebensmittel umgetauscht. Nein, "Kleine Bouillon" leidet keine Not.

Seine Jacke ist immer bis zum Hals zugeknöpft. Vielleicht weil es kalt ist, aber auch um zu verbergen, was er da alles hat. Ich weiß übrigens, daß er einen norwegischen Pullover trägt.

Entweder hat er jetzt etwas zu verkaufen, oder es ist das gewöhnliche Betteln. Ich schüttele deshalb den Kopf, und will weiter gehen.

Der Russe gibt aber nicht so leicht auf. Vorsichtig kommt er näher und zeigt mir einen kleinen Gegenstand. Es ist eine kleine elektrische Birne.

"Für Weihnachtsbaum", sagt er nur und wer weiß, wo er das Ding her hat. "Morgen drei, und übermorgen noch drei." Das ist ja fast unglaublich, elektrische Weihnachtslichter in einem Häftlingslager zu haben.

Ist das nicht aber zu gefährlich? Ich lehne es daher ab. Der kleine Halunke versteht, daß ich die Lichter gerne haben möchte. "Nicht gefährlich", sagt er. "Ich arbeite in SS–Lager für Elektromaterial. Comme ci, comme ca!", sagt er mit einer klaren Handbewegung.

"Du wirst aber gehängt, wenn sie dich erwischen."

Er grinst nur und sagt kurz "kein Risiko".

Die Birnen locken – aber darf ein anderer dafür sein Leben riskieren?

"Nein", sage ich also, "Das Risiko für Dich ist zu hoch, ich will die Birnen nicht." "Kleine Bouillon" hatte aber schon verstanden, daß ich die Birnen gerne übernehmen würde, und keine Macht wird den Diebstahl wohl verhindern können. Wenn er die Birnen erst im Lager hat, wird ein Geschäft daraus.

Viele Gedanken gehen heute nach Hause. Meine Mutter schmückte immer den Weihnachtsbaum am Nachmittag und in der Zeit durften wir Kinder die Stube nicht betreten und auch nicht hinein schauen. Sie stopfte sogar das Schlüsselloch zu. Warum kommt gerade diese Erinnerung so stark hoch, während die Arbeitskommandos einmarschieren?

Weihnachten fing an dem Augenblick an, wo die Tür geöffnet wurde und wir den geschmückten Baum mit den brennenden Kerzen sahen. Wieder und wieder sehe ich dieses Bild und denke, daß wenn die Verhältnisse heute so ganz verschieden sind von zu Hause, dann werden wir vielleicht etwas von der selben Stimmung hier hervorrufen können.

Die Kameraden strömen in die Baracke, und alle bleiben sie zuerst in der Türöffnung stehen. Denn der Anblick mit dem Baum und den elektrischen Kerzen ist so unerwartet und so überwältigend, daß alle ganz still in den Raum treten.

Der alte Iversen leuchtet wie eine Sonne, sieht nur den Baum und hat noch nicht entdeckt, daß der ganze Raum geschmückt ist. Er sieht auch die anderen nicht, bleibt so lange stehen, daß wir ihn betrachten. Einer der ältesten ist er bestimmt, und hat einen Sohn hier im Lager. Das muß ganz besondere Gefühle herrufen.

Er geht dicht an den Baum, greift einen Tannenzapfen, der eine goldene Farbe bekommen hat. Er lächelt, und die Augen strahlen. Jetzt sieht er die anderen im Raum, und daß sie auf ihn schauen. Jetzt hat er auch den "Schnee" auf den Zweigen gesehen und den Stern. An den Wänden findet er Zeichnungen von Weihnachtsmännern, schneegedeckte Berge aus der Heimat, Kirchen und Glocken. Ganz unglaublich, was man unter solchen Verhältnissen hervorzaubern kann.

"Es ergab sich aber zu der Zeit, daß ein Gebot von dem Kaiser Augustus ausging...". Es wirkt so eigenartig wenn Johann diese Worte liest – aus einem Buch. Keinen Text kenne ich besser. Diese Worte stehen in dem Heiligen Buch, das Johan von zu Hause geschickt bekommen hat.

"Und diese Schätzung war die allererste und geschah zu der Zeit, da Cyrenius Landpfleger in Syrien war..."

Die Kameraden sitzen und schauen auf die Tischplatte oder geradeaus mit Augen, die nicht sprechen. Jetzt sind sie keine Häftlinge. In diesem Augenblick sind sie zu Hause – in der Kirche, mit Vater und Mutter, und hören die selben Worte wie alle früheren Weihnachten.

"Da machte sich auch Joseph aus Galiläa, aus der Stadt Nazareth..."

Während Johan liest, wiederhole ich jedes Wort, genau wie es in dem Heiligen Buch steht. Ich denke an die ersten Tage meiner Verhaftung, an die Zelle im Gefängnis. Das ist jetzt zweieinhalb Jahre her. Damals versuchte ich zu beten. Ich kannte das "Vaterunser", das war aber zu wenig. Wieviel ich mich auch anstrengte, fand ich die richtigen Bibelstellen nicht. Gut, dann las ich das Weihnachtsevangelium von Lukas. Jeden Abend war es ein Teil meines Abendgebetes. Diese Heiligen Worte...wir hatten sie mit einer anderen Absicht gebüffelt. Sie bildeten den Codeschlüssel, wenn wir eine getarnte Meldung in den Widerstand schicken sollten.

Johan hat das Lesen beendet. Jetzt wird gegessen. In den letzen Monaten haben wir dauernd etwas von den Sendungen des Roten Kreuzes zur Seite gelegt, Sardinen, Käse etwas Speck. Kohl hatten wir irgendwie beschafft und norwegisches Sauerkraut daraus gemacht.

Jeder Häftling bekommt im Lager eine Mark als Prämienschein pro

Woche. Mit dem "Geld" haben wir Kartoffeln kaufen können und sogar drei Fässer mit einer Art Bier. Die standen nun in einer Ecke im Barakkenraum.

Heute kann jeder Mann so viel essen und trinken, wie er will – Speck, Sauerkraut, Kartoffeln und Bier.

Die Tische sind zusammengestellt und mit Laken vom Revier gedeckt. Der Schmuck besteht aus dänischen und norwegischen Flaggen, Tannenästen und was man sonst noch hatte. Wer sah wohl während der Gefangenschaft ein so eindruckvolles Bild der Kameradschaft und der Hoffnung für die Zukunft?

Es kommt eine Ansprache für den Tag. Noch nie habe ich das am Heiligabend erlebt. Heute paßte es aber. Franz spricht von der Feier in Norwegen, von Mutter und Vater daheim, sagt es aber alles mit Vorsicht. Denn heute abend wollen wir vor allem ein Fest ohne schwere Gedanken und Sorgen für die nächsten Tage in diesem furchtbaren Krieg.

Während er spricht, starren alle auf den Baum. "Nachdem wir von der Kirche kamen und in der Stube versammelt waren, fühlten wir alle, daß eine Person bei diesem Fest so besonders viel für uns bedeutet. Alles drehte sich um die Mutter. Sie hatte alles vorbereitet, jede Einzelheit geprägt. Deshalb zündete sie die Kerzen an..."

Franz muß lange gesprochen haben. Meine Gedanken waren aber weit weg geflogen. Jetzt höre ich aber, daß er vom Weihnachtsmann spricht, vom echten, norwegischen Weihnachtsmann, der auf jedem anständigen Hof wohnt. Er deutet auf die Zeichnungen, die Lars an den Wänden aufgehängt hat, und so langsam kommt das Lächeln auf den Gesichtern zum Vorschein. Am Anfang wird gelächelt, um zu zeigen, daß man zur Gruppe gehört, und mit den Kameraden eine Einheit bildet. Franz weiß aber, wie man eine gute Stimmung bildet, und es dauert nicht lange, dann machen alle mit. Alle schweren Gedanken sind weggeblasen, alle freuen sich im Gefühl der Kameradschaft.

Die Mahlzeit ist beendet. Jetzt ist die Reihe an Kaare gekommen.

Beim Arbeitskommando konnten wir letzter Zeit hin und wieder "schwarz" arbeiten. Lauter Schmuck für das Weihnachtsfest wurde hergestellt: für die Tische, Fenster, Wände, Betten und den Fußboden.

Pörschmann war immer noch anständig, ja direkt nett zu uns. Ein einziges Mal überraschte er uns beim Malen in einem Nebenraum. Später hat er sich da nicht wieder gezeigt.

KLEINE BOUILLON

Das Weihnachtsfest geht weiter. Jetzt macht der Weihnachtsmann seine Vorbereitungen. Es ist Kaare, der sich für kommende Aufgaben tarnt. Zur selben Zeit werden zwei Säcke mit Nahrungsmitteln vom Roten Kreuz gefüllt. Jeder Russe, Pole, Franzose und Tscheche in der Baracke soll heute etwas bekommen. Dazu gibt es Hafergrütze, in der Lagerküche für diesen Zweck gekocht.

Der Weihnachtsmann bekommt einen riesigen Bart, aus Werggarn aus der Rohrlegerwerkstatt hergestellt. Jeder seiner Helfer bekommt einen kleineren Bart. Rote Nasen aus Papier gehören auch dazu, und natürlich haben sie alle rote, spitze Mützen.

Drei schwere Schläge gegen die Tür zur Jugendabteilung.

Es ist der Weihnachtsmann mit seinen Helfern. Schwer bewegt sich der alte Greis, und steigt endlich auf eine Bank. Da sieht er die Gesichter der Jungen, alle von Erwartung geprägt.

"Ich bin sehr, sehr alt", fängt er an. "Mehr als fünfhundert Jahre wohnte ich zwischen den Bergen, hoch oben im Norden, in einem Land das Norwegen heißt. Mein einziger Freund im Schnee und Eis ist der Nordwind."

Ich stehe an der Tür und beobachte das Schauspiel.

Noch nie sah ich solche leuchtenden Kinderaugen, während Kaare in seinem Monolg fortfährt: "...Viele Jahre war ich jetzt zu Hause. Das frühere Reisen war zu anstrengend geworden. Eines Tages kam aber der Nordwind zu mir...U–u–hu–u–u", machte er.

Die Zuhörer riefen laut vor Freude auf als Kaare durch den Bart blies, und alles bewegte sich.

"U–u–hu–u–u, jetzt ist bald wieder Weihnachten, und diesmal mußt du wie in früheren Jahren reisen. In Deutschland, in den Konzentrationslagern werden sie sich freuen, wenn du kommst."

"Zwei Helfer gab er mir mit. Der eine", – und er deutete auf Tönnes, "ist nur 293 Jahre alt. Und der andere", – und jetzt war es Olar, "ist 303 Jahre alt. Heute Nachmittag blies uns der Nordwind bis hier her in das Lager." Jetzt ist aber ein großes Unglück passiert. Der Nordwind verließ mich hier, und jetzt muß ich im Lager bleiben bis mich der Südwind zurückbläst."

Das erneute "u–u–hu–u–u" wirkte einen Augenblick wie Weinen, bald lächelte er aber wieder.

"Am Tag meiner Abfahrt sprach ich mit einem alten Freund, einem Riesen von den norwegischen Bergen. Er war dünn geworden und sah elend aus. Auch in Norwegen gibt es jetzt wenig zu essen. Weihnachtsgrütze hatte er aber für mich, und ...", jetzt bückte sich der Weihnachtsmann, lächelte und fuhr fort: "... er gab mir einen großen Topf mit".

Der Weihnachtsmann stieß seinen Stab gegen den Fußboden, und plötzlich war die Grütze da.

Dann ging der Weihnachtsmann zu den anderen Barackenräumen weiter. Jedes Mal erzählte er vom Nordwind, und in jedem Raum hatte er für jeden Mann etwas zu essen.

"Nie, nie in meinem Leben habe ich eine so dankbare Aufgabe gehabt", äußerte Kaare.

Und im Raum der Norweger ging das Fest weiter.

Mehrere Jahre war Kaare Mitglied eines bekannten Kirchenchors in Norwegen. Zwei Monate hat er mit Kameraden hier im Lager geübt. Jetzt zeigten sie was Kaare für das Weihnachtsfest vorbereitet hatte. Nie hörte ich so schöne Weihnachtslieder wie an diesem Abend.

Der Weg gegen den Osten

Die Autobahn geht dicht am Lager vorbei. Nachdem ich in der Zeichenstube arbeite, ist es leicht, die riesige Verkehrsader zu beobachten. Von Berlin kommt sie. Ohne Rücksicht durchschneidet sie andere Straßen, alles muß vor diesem breiten Band gegen den Osten weichen. Gegen den Osten? Zehntausend junge Deutsche arbeiteten, schwitzten und litten, um das Band weiter zu führen.

Ich sehe den riesigen Autobahndamm. Gewöhnliche Straßen und Eisenbahnen sind unterführt, denn nichts soll den Weg gegen den Osten hindern.

Gegen den Osten?

Die Zehntausenden, die ihn bauten, glaubten, daß er gegen den Osten führte. Die Millionen, die ihn am ersten Tag des Krieges benutzten, glaubten, daß er sie in das ersehnte Land im Osten führen würde.

Ich sehe drei große Autos, die von Berlin kommen. Ja, der Weg führt immer noch gegen den Osten. Immer wenn ein Fahrzeug, dort oben auf der Autobahn fährt, schaue ich dahin. Jetzt können aber Stunden vergehen, ohne irgend welchen Verkehr. Die drei großen Wagen sind alle voll mit Möbeln. Pörschmann steht über mein Zeichenbrett gebeugt, jetzt schaut er hoch, und folgt auch den Wagen mit den Augen. Gedankenvoll schaut er mich an.

"Es sieht wie ein Möbelwagen aus", sage ich.

"Es ist ein Möbelwagen", erwidert er.

Nach einer Pause fügt er hinzu: "In Berlin ist heute kein einziges Auto aufzutreiben. Alles was rollen kann, wird für Möbeltransporte benutzt. Deshalb haben wir sogar große Schwierigkeiten für den Transport von Baumaterialien zum "Fuchsbau".

"Wieso darf man dann aber Transportmittel für solche Zwecke benutzen?", frage ich.

Wieder sieht mich Pörschmann forschend an. So langsam kommt es: "Dies alles sind die Möbel der Bonzen. Für die gilt kein Verbot – Verbote sind nur für die Kleinen. Denen geht alles in Flammen hoch – dort in der Bombenhölle".

Ruhig beugt sich Pörschmann wieder über das Zeichenbrett und studiert die Pläne weiter. Ich bin aber wie aus allen Wolken gefallen.

Was meint eigentlich dieser Mann. Zwar ist er oft als Rettungsmann für die Häftlinge aufgetreten, diese Bemerkung aber – zu einem Häftling und Feind des Dritten Reiches, ist etwas ganz anderes. Ich mache mir verschiedene Gedanken, während die Möbelwagen gegen Osten fahren...

Später. Es ist Januar und kalt. Heute war mehr Verkehr auf der Autobahn. Sie sehen auch wie Möbelwagen aus, heute kommen sie aber vom Osten.

Viele Menschen sitzen auf den Autos. Männer, Frauen, Kinder. Sie sehen elend und verfroren aus, mit einer Wolldecke oder etwas ähnlichem über die Schultern, versuchen sich hinter Kisten und Koffern gegen den Wind zu schützen.

Ich beobachte jedes Auto ganz genau. Ist es möglich...? Nein, so weit kann es noch nicht gekommen sein. Die Wagen kommen aber vom Osten...

– Die Russen sind an mehreren Stellen durch die Weichselfront gestoßen!

Ich muß unbedingt in Pörschmanns Büro! Aber im Augenblick ist er nicht da. Einige Zeichnungen können als Vorwand dienen.

Unterscharführer Meyncke sitzt im Vorzimmer und sagt, daß der Bauleiter in der Stadt ist.

"Ich habe nur einige Zeichnungen für ihn", und gehe in den inneren Raum.

Und da, an der Wand, hat Pörschmann eine Generalstabskarte. Während ich meine Zeichnungen umbiege und möglichst viel Radau mache, studiere ich eilig die Karte. Mehrere Tage hat er seine kleinen Fähnchen offenbar nicht bewegt. Die eingezeichnete Frontlinie stimmt wenigstens mit den Nachrichten aus London nicht überein. Besonders fehlt der russische Keil bei Posen. Es ist auch nicht zu sehen, daß Breslau bald umzingelt sein wird. Und wo haben wir Bromberg, die Stadt die Maurice gestern erwähnte? Ja, hier ist sie. Die Russen stoßen auf den großen Straßen vor.

Ich gehe dicht an die Karte und finde noch mehrere Ortsnamen, die der vielseitige Franzose gestern erwähnt hatte.

Da steht plötzlich ein Mann hinter mir!

Ohne, daß ich es gemerkt habe, ist Pörschmann in den Raum gekommen. Ich fühle, daß er mich beobachtet. Mit äußerer Ruhe setze ich den Finger auf Sandomierz. Mehrere Tage schon ist diese Stadt im deutschen Rundfunk erwähnt worden.

"Hier wird also jetzt gekämpft", sage ich und drehe den Kopf gegen ihn.

Nach einem kurzen Aufenthalt geht er zur Karte und studiert sie ohne etwas zu sagen.

"Sie sind schon weiter gekommen", sagt er dann. "Panzer haben die Oder nordöstlich von Breslau erreicht". Er zeigt mit einem Finger auf die Karte, ich versuche, überrascht zu sein.

"Das bedeutet aber nichts", fährt er weiter. "Die Russen kamen zwar überraschend, aber nur die Panzer sind durchgekommen. Infanterie und Artillerie schaffen es nicht, diesen Durchbruch auszunutzen. Wenn unsere Reserven da zusammengezogen sind, werden die Panzer eingekesselt. Im Reich werden neue Millionenarmeen bereit gemacht. Wenn wir die Front stabilisiert haben, wird keine Macht in der Welt wieder durchbrechen können."

Ich fühle mich auf dünnem Eis und erwähne den Volkssturm, hoffe daß diese Bemerkung eine gute Wirkung haben wird.

"Die Männer des Volkssturms", erwidert er, "kämpfen auf eigenem Boden. Den werden sie sehr teuer verkaufen. Es ist aber nicht nur der Volkssturm, der jetzt eingesetzt wird. Große Truppenverbände werden jetzt von der Westfront überführt."

"Ach", ich werde wirklich interessiert, denn das ist neu. Die letzten Monate hieß es immer, daß neue Abteilungen nach Aachen und in die Ardennen geschickt wurden. Das muß ja ein Umweg sein, wenn sie für die Ostfront berechnet sind. Ich schaue den SS–Mann fragend und zweifelnd an.

"Die sechste Armee wird schon vom Westen gegen den Osten transportiert. Sie wird auf der Mitte eingesetzt." – "Ja, ja!", sagt er etwas barsch. Er fühlt sich offenbar beklommen. Fürchtet er, daß er zu viel gesagt hatte?, und markiert, daß er nicht mehr an einen Sieg glauben würde?

Vor einem Monat wurden im "Fuchsbau" die Fernschreiber in Betrieb genommen. Diese Äußerung über die sechste Armee kommt wohl von da. Während die Bagger immer mehr Sand über die Betonkonstruktion mit Hilfe von Häftlingen schütten, arbeiten Hunderte von SS–Frauen und Männern in den engen Räumen. Tag und Nacht passieren große und kleinere Nachrichten diese Zentrale, eine der wichtigsten im ganzen Reich. Tag und Nacht geht der Krieg weiter, während wir Sklaven arbeiten und sterben, um den "Fuchsbau" rechtzeitig fertig zu machen, bevor die Armeen aus dem Osten alles niederwalzen.

Werden sie es aber auch schaffen? Einmal hieß es Wolga und Kaukasus. Dann wurde es Rostow, Krim und Kiew. Später kam Minsk ins Gespräch. Das wurde alles im Rundfunk gesagt, und wir wußten, wo die Namen auf der Karte standen. Die großen Ereignisse in der Welt geschahen alle so weit weg, und wir konnten ihnen nur auf der Karte folgen. War es aber jetzt so weit, daß wir die Bewegungen des Krieges auch von unseren Fenstern aus beobachten konnten?

Nein, das ist nicht faßbar. Es kann unmöglich so sein. Die Autos auf der Autobahn, die gegen den Westen fahren – es ist ja irrsinnig zu glauben, daß es der Anfang einer Flucht ist?!

Ich stehe wieder am Zeichenbrett und versuche, einige Striche mit dem Bleistift zu machen. Wieder brummt es auf der Autobahn. Eine lange Reihe von Autobussen fahren – diesmal gegen den Osten – leer. Wir stehen am Fenster und verstehen die Bedeutung. ...21, 22, 23, 24 zähle ich. Sie fahren um zu holen. Wieder versuche ich zu zeichnen, die Hand zittert aber. Dann war es also doch möglich...?

Es eilt, die Zeichnung fertig zu machen. Pörschmann will die Einzelheiten für den provisorischen Eingang zum "Fuchsbau" noch heute haben. Immer mehr Autobusse rollen aber vorbei, und verspäten die Fertigstellung der Arbeit für den "Fuchsbau".

Ich messe und zeichne. Vom Haupteingang läuft ein riesiger Tunnel aus Beton in einer Form, die den Luftdruck von Bombenexplosionen reduzieren soll. Der Abstand vom Haupteingang bis zu den ersten Arbeitsplätzen im Bunker beträgt 54 Meter.

Der Haufen mit Sand darüber hat schon eine Höhe von 7 Meter erreicht. – Ich werde von Finn gestört, er zeigt auf die Autobahn und zählt wieder ...18, 19, 20, 21, 22... Eine unendliche Reihe rollt wieder vorbei, aber diesmal sind es Kanonen. Anfangs wundert es uns. Es ist ja Flak, mit der charakteristischen Lafette auf vier Rädern.

Ja, es muß die Flak sein, die Berlin gegen alliierte Bomber verteidigt hat, die jetzt noch dringender als Artillerie an der Front benötigt wird. Besonders wirkungsvoll gegen Panzer.

Ich gehe mit meiner Arbeit weiter, muß aber unentwegt die Autobahn beobachten. Der Verkehr wird immer stärker.

Pörschmann kommt in den Raum, wartet ungeduldig auf die Zeichnung, denn der Polier im Fuchsbau wartet auf sie, um die Arbeit anfangen zu können. Er steht neben mir, während ich weiter zeichne.

Er hat uns Häftlingen so oft geholfen. Ja, die Verhältnisse wären ohne ihn viel, viel schlimmer gewesen. Immer wieder ist er zur Lagerführung gegangen und hat verlangt, daß die Häftlinge besser behandelt werden müssen. Sonst leidet die Arbeit am Bunker zu sehr. Und die

Fertigstellung ist kriegswichtig! – Jetzt ist er aber offenbar ungeduldig, und das empfinde ich als unangenehm. Jetzt steht er am Fenster, und beobachtet auch die Autobahn. Plötzlich spricht er das eine Wort "Funkwagen".

Und tatsächlich – jetzt sind es die Nachrichtentruppen, die passieren. Die meisten Wagen haben Blechschäden, die Farbe ist stellenweise abgefallen oder abgekratzt. Man sieht Reste der weißen Tarnfarbe vom Winter, und einige haben Äste, Stroh und andere Reste der früheren Tätigkeit. Man irrt sich aber nicht, alle haben sie das Feldgrau der Wehrmacht.

Nein, übrigens nicht alle. Denn hier und da kommt ein rotes, blaues oder grünes ziviles Auto. Und auch da sieht man zusammengekrochene Menschen zwischen Kisten und Koffern, alle mit Decken umgehangen. Die Flüchtlinge haben in alle Richtungen gute Aussicht, lange Reihen mit Resten der früher so stolzen Wehrmacht. Die Reifen singen gegen den Beton der Fahrbahn – zurück vom Traum – zurück vom Osten.

Den ganzen Abend gehen die Häftlinge im Lager auf und ab. es ist kalt, sie spazieren aber trotzdem. Schon lange ist es dunkel, das macht aber nichts. Ohne Aufenthalt bewegen sich die schwachen Lichter auf der Autobahn. Genau der selbe Abstand, genau die selbe Geschwindigkeit. Zwischen den Baracken herrscht aber schwarze Nacht, hier und da nur das Glühen einer Häftlingszigarette. Sogar nachdem alle vorschriftsmäßig schlafen sollten, stehen die Häftlinge und folgen den Lichtern vom Osten.

Es ist immer noch dunkel als wir zum Morgenappell antreten. Die endlose Reihe von Lichtern bewegt sich aber noch auf der Autobahn. Der Tag verläuft ohne neue Ereignisse.

Am Abend gehen die Häftlinge wieder hin und her hinter dem Stacheldraht und beobachten den Verkehr. Auto um Auto, Licht um Licht, kommen vom Osten. Alle fühlen die unsichtbare Schicksalshand. Kein Lärm von einem Streit. Wir sehen die Macht nicht, die die Lichter vorwärts treibt. Sie bewegen sich aber – vom Osten.

Wir können das Theater nicht ganz fassen. Von diesen Wagen hörten wir im Rundfunk, als sie gegen Moskau, Leningrad und Stalingrad rollten. Wie ist das alles möglich? Und was bedeutet es wohl für unser Schicksal?

Ich habe Fieber. Vor mir liegt eine Arbeit, und es eilt. Alles wirkt aber im Augenblick verrückt. Die Kameraden sitzen, stehen oder gehen vor den Fenstern. Die Gesichter sind rot vor Aufregung, und die Augen leuchten. Keiner arbeitet. Unmöglich sich zu konzentrieren. Wieder und wieder versuche ich, Striche auf das Papier zu ziehen. Es wird aber nur Quatsch. Jetzt warten wir auf Maurice. Er "arbeitet" in Pörschmanns privatem Zimmer – wo das Rundfunkgerät steht.

Ich muß aber weiter machen. Die Zeichnung soll fertig werden. Es ist wichtiger als je zuvor. In kurzer Zeit kann der Augenblick kommen, den wir ersehnt aber auch gefürchtet haben. Was wird die letzten Stunden im Lager passieren? Was werden wir erleben, wenn die tausend Häftlinge in Panik geraten, und sich an denjenigen rächen, die am üblesten waren?

Das alles aber während die SS noch das Gelände mit ihren Waffen beherrscht –: Eine drohende Faust, ein Mann, der über einen offenen Platz läuft, ein Posten der vor Angst einen Schuß abgibt, kann genug sein, um ein Blutbad auszulösen.

In diesem Lager ist unser Chef der Bauleiter der SS, eine wichtige Person mit großer Macht. Wir müssen seine milde Einstellung den Häftlingen gegenüber unterstützen. Dazu kann auch mein Arbeitseinsatz beitragen. Noch ein Mal greife ich den Bleistift.

Fünfzig Meter vom Fenster geht der Weg nach Fürstenwalde unter die Autobahn hindurch. Durch die Öffnung sehe ich, daß der Volkssturm übt. Dauernd hören wir kleine Explosionen und scharfe Schüsse. Hin und wieder kommt ein schwerer Donner. Ist das eine Panzerfaust?

Die Arbeit geht weiter. Pörschmann kommt in den Raum und bespricht eine Vermessungsaufgabe mit Finn. Er muß den Bau eines neuen Weges zum SS–Lager vorbereiten, und hat einen Mann für die Nivellierlatte nötig. Alle sind aber mit verschiedenen Aufgaben tätig. Also muß er Maurice mitnehmen. Pörschmann erklärt ruhig, was gemacht werden muß. Es wirkt als ob er immer noch an der Ostfront ist, und neue Angriffe vorbereitet.

Da hören wir den schweren Donner wieder. Das ist aber keine Panzerfaust! Er wiederholt sich regelmäßig, und meine Zeichenarbeit kommt nicht weiter. Ich sitze nur und warte auf mehr Donner. Das muß schwere Artillerie sein. Jetzt schallen zwei Einschläge kurz nacheinander, dann eine kleine Pause. Dann kommen Einschläge immer schneller aber unregelmäßiger. Bald ist es ein laufendes Donnern geworden, wir können die einzelnen Einschläge nicht mehr unterscheiden.

Maurice weiß es von seinem Rundfunkhören: Russische Panzer sind schon in Frankfurt an der Oder eingedrungen – 29 Kilometer von hier, und in Küstrin sind schwere Kämpfe.

Dann ist wieder Abend geworden, und wir marschieren in unser Lager zurück. Wir schauen den SS–Mann am Tor vorsichtig an. Nichts besonderes zu sehen. Die Posten stehen wie immer, haben jetzt aber Handgranaten am Gürtel.

"Bauleitungskommando – Halt!"

"Weggetreten!"

Wir laufen zum Abort. Das ist der höchste Punkt im Lager. Finn steht schon da und zeigt gegen den Osten. In der Richtung ist der ganze Himmel leuchtend, wie von einem riesigen Feuer. Wie ein gewaltiger Wasserfall rollt der Donner von den Kanonen gegen uns.

"Küstrin", sagt ein deutscher Häftling und zeigt gegen Nordosten. Stumm stehen die Männer und betrachten die furchtbare Vorstellung.

"Das Häftlingslager soll geräumt werden." Das Gerücht verbreitet sich von Baracke zu Baracke. Viele haben schon angefangen, ihr armseliges Hab und Gut in eine Wolldecke zu legen, und mit Bindfäden auszustatten, damit es auf dem Rücken getragen werden kann.

Jetzt wird es am Abendappell vom Lagerältesten bestätigt. Jeder darf eine Wolldecke mitnehmen. Ich bin schon bereit und warte nur auf den Befehl für das Verlassen des Lagers.

Die Stunden gehen. Hin und wieder gehe ich die Treppe hinauf, um das Leuchten zu beobachten, dann in die Baracke, um die Lage mit Kameraden zu besprechen.

"Alle Häftlinge können sich zur Ruhe begeben, müssen aber zum sofortigen Abmarsch bereit sein". Ich klettere in meine Koje hinauf. Hier oben ist es recht friedlich, schlafen kann ich aber nicht. Ich betrachte die Decke. Heute wirkt alles so leer, fast schon verlassen.

Zu Weihnachten hatte ich von meiner Frau ein Päckchen mit der Post bekommen. Nahrungsmittel, die als Zuschuß zur Häftlingskost ein Leben retten konnten. Zwischen zwei Keksen war aber etwas noch wertvolleres versteckt, eine Fotografie von ihr. Seitdem hing sie hier oben an der Decke. Jetzt hatte ich sie vorsichtig abgenommen, zwischen zwei Stück Pappe gelegt und in meinem merkwürdigen Tornister versteckt.

Ich habe noch einen Schatz bei mir. So oft wie es möglich war, habe ich im Baubüro gezeichnet, Situationen im Lager, auf dem Bauplatz. Viele

Zeichnungen sind daraus geworden, und die will ich jetzt mitnehmen. In der Innenseite meiner Jacke habe ich zwei große Taschen.

Ich schlafe unruhig. Das Licht im Raum ist heute nicht gelöscht, und ich liege mit voller Kleidung.

Dann kommt das Signal, es ist drei Uhr geworden. Wir stehen auf dem Appellplatz und warten weiter. Im Osten ist es jetzt ganz still, auf der Autobahn fährt nur hin und wieder ein Wagen. Wir warten auf den Aufruf. Der nimmt immer viel Zeit, oft wird er bis zu 20 Mal durchgeführt, bis die Zahlen stimmen.

Jetzt wird mit einer besonderen Liste angefangen, es sind 130 Häftlinge, die im Lager bleiben sollen. Maurice wird aufgerufen, Finn ist dabei, dann kommt auch meine Häftlingsnummer und mein Name. Als wir uns sammeln, sehen wir, daß alle elf aus der Bauleitung bleiben sollen. Weitere vier Norweger sind auch dabei. Wir gehen wieder in die Baracke zur Ruhe. Dann wird aufgestanden, und um sechs Uhr marschiert das Kommando wie immer durch das Tor zur Arbeit.

Ich werde sofort zu Pörschmann gerufen. "Es ist heute Nacht viel Hysterie gewesen", fängt er an. "Es wurde durch russische Panzer verursacht. Sie waren recht weit vorgedrungen, sind aber jetzt zurückgeworfen. Der Befehl zur Räumung des Häftlingslagers war aber schon gekommen, und alle Arbeiten sollten abgebrochen werden."

Pörschmann schaut an die Wand, wo die vielen Zeichnungen vom "Fuchsbau" hängen. Seine Aufgabe in den anderthalb Jahren.

Dann fährt er fort: "Außer den Arbeitskommandos für den Fuchsbau, Barackenbau und so weiter, gibt es auch ein Kommando, das beauftragt ist, ein Sommerhaus für Oberstgruppenführer der SS Sepp Dietrich zu bauen. Heute Nacht rief er persönlich an, und verlangte, daß die Häftlinge seines Kommandos bleiben sollten. Dadurch muß die ganze Wirtschaft und müssen die Wachsoldaten des Lagers bleiben. Deshalb verlangte ich 30 Häftlinge für den "Fuchsbau", um die wichtigsten Arbeiten fortsetzen zu können. Das wurde genehmigt."

Pörschmann macht noch eine Pause, sieht ernst auf mich, und sagt dann: "Ich glaube nicht, daß ein solcher Transport für die Häftlinge günstig ist. Es wird sehr viel marschiert werden, und es stehen wenig Nahrungsmittel zur Verfügung. Buchenwald, Bergen Belsen und die anderen Lager in westlicher Richtung werden außerdem überfüllt sein. Wenn wir hier bleiben, und die Russen brechen durch, wird es wohl für euch Häftlinge eine Möglichkeit geben, ein Versteck im Wald zu finden, und da zu bleiben bis das schlimmste vorüber ist. Verstanden?"

"Jawohl, Unterscharführer." Ich richte mich auf und gehe hinaus. "Er ist wirklich ein anständiger Kerl, vielleicht der einzige in diesem Land", ist die Bemerkung eines Kameraden, als ich meinen Bericht gegeben habe.

"Das Sommerhaus soll aber gebaut werden", sagt Finn, "auch wenn die Arbeit am Fuchsbau fast aufhört. Ja, ja, ein Häftling kann also Vorteile an dem Eigeninteressen eines Bonzen haben". Finn lächelt während er seine Vermessungsgeräte betrachtet.

"Maurice!"

"A votre service, Monsieur"

"Setze deinen Speckdeckel auf! Wir gehen vermessen". Hier soll alles wie gewöhnlich sein. Und Maurice ist der neue Lattenträger.

Maurice versteht aber nicht. Er hat zwar die wichtigsten norwegischen Ausdrücke gelernt, heute versteht er aber nichts. Maurice liebt seine Pantoffeln, die er bei der Hausarbeit benutzt. Holzschuhe, Nässe und Kälte findet er furchtbar, und jetzt ist er ein richtiger Drückeberger.

Heute geht das aber nicht. Mit seinem rechten Arm packt er Maurice, das Vermessungsgerät hält er in der linken, und ab geht es. Wie gewöhnlich.

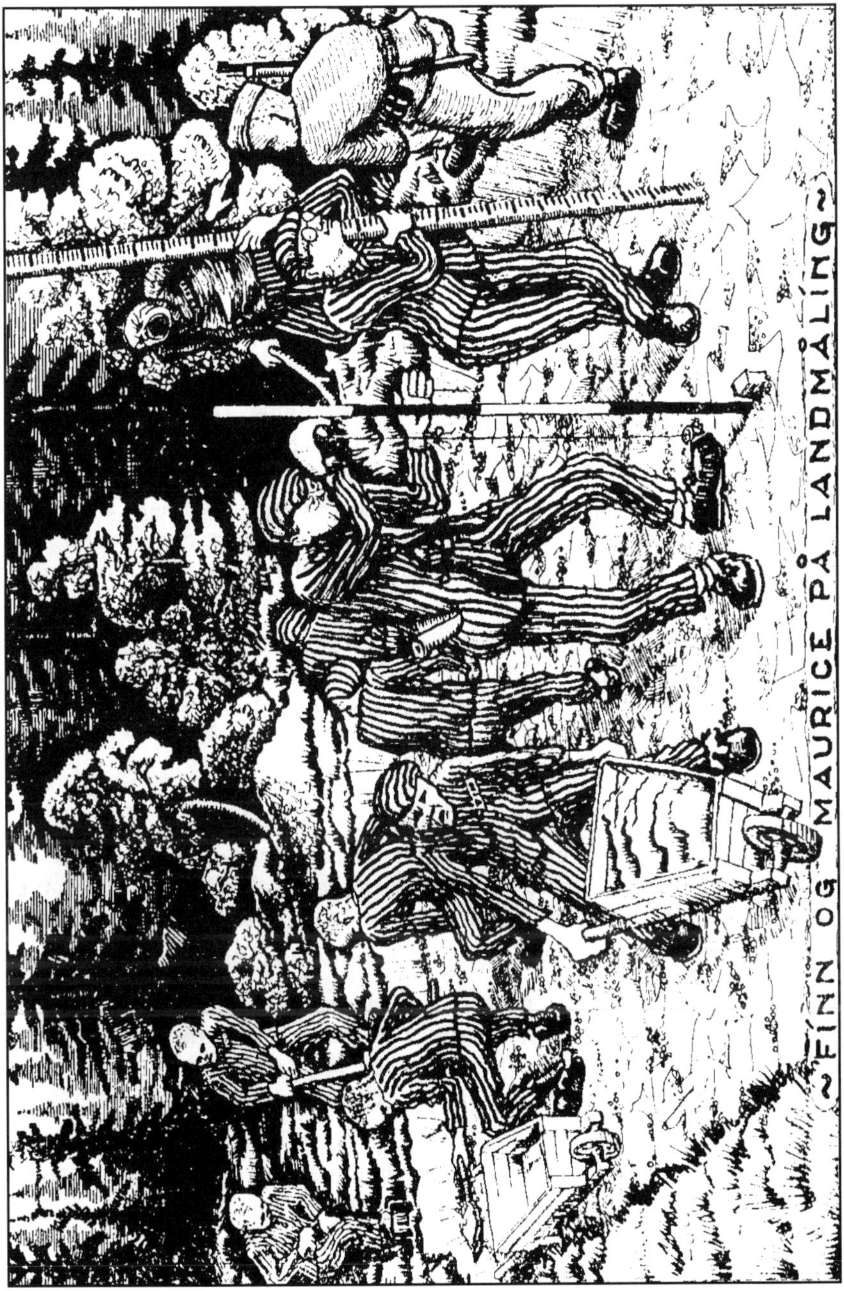

~FINN OG MAURICE PÅ LANDMÅLING~

Die weiße Kolonne

Ein Monat ist vergangen. Wir drehen nicht mehr die Köpfe wenn die Kanonen auf der Autobahn passieren. Der Donner vom Osten wächst und wird schwächer, wir sprechen aber nicht mehr davon.

Plötzlich kann die Luft von furchtbarem Lärm erfüllt sein. Motoren brüllen, Granaten und Bomben zerspringen, sowjetische Stukas greifen den Flugplatz Fürstenwalde an.

In der "Bauleitung" geht aber das Leben wie zuvor. Wir warten nur –

Alles was wir sehen, hören und fühlen, haben wir schon Jahre erwartet. Das Ziel unserer Hoffnungen kommt immer näher. Die Hölle auf Erden muß bald beendet sein. Aber keiner kann richtig daran glauben, auch ich nicht. Ich sage trotzdem meinen Kameraden, was sie nun auch erzählen: Eines Tages muß ja das Ende des Krieges kommen. Du schüttelst den Kopf, so ist es aber. Wir können es doch nicht ganz fassen. Wir wissen aber auch, daß alles kostet. Die letzten Tage werden schrecklich sein.

In der Tischlerei wird viel schwarz gearbeitet. Von den unglaublichsten Stellen wird Material geholt. Man repariert Schuhe, aus Wolldecken werden Schlafsäcke, Tornister werden aus Holz, alten Handtüchern und Spritzenschläuchen hergestellt.

Was ist aus denen geworden, die vor einem Monat unser Lager verließen? Die Meldungen aus Sachsenhausen sind nicht gut. Tausende von Häftlingen bewegen sich langsam gegen den Westen. Vor dem Abmarsch stellen die – Ärzte Alte und Kranke zur Seite. Es wird behauptet, daß sie nur verschwinden, und daß das Krematorium noch nie so viel zu tun hatte.

Es waren zwar keine Alten unter den Norwegern die unser Lager verließen, es wird aber gesagt, daß drei von ihnen auf Transport nach Bergen Belsen gegangen sind. Ja, da ist es wohl nicht schlimmer als anderswo. Was steckt aber hinter den Geschichten vom Krematorium?

Wir sitzen vor der Baracke, und ich sage: "Die Lage ist durchaus nicht so schwarz. Wir werden schon Überraschungen erleben, einige ziemlich unangenehme.

Der Mann neben mir ist ungarischer Halbjude, und wie die meisten anderen seinesgleichen, sieht auch für ihn die Zukunft sehr dunkel aus.

"Ich verstehe garnicht, warum die SS uns ermorden will. Auf die Weise kann man ja doch nicht verheimlichen, was in den Konzentrationslagern passiert ist.

Ein anderer lächelt höhnisch als Antwort, schaut mich an und sagt: "Du kennst diese SS Leute nicht. Du hast in diesem Land ein großes Glück gehabt, deshalb hast du sie nicht kennengelernt. Das Gesicht neben mir wird hart, und die Augen leuchten von Hass.

"Ich bin Halbjude. In Auschwitz hatte ich einige Freunde. Sie waren Deutsche und hatten einen gewissen Einfluß bei der Führung. Es gelang ihnen zu beweisen, daß ich Arier war. Deshalb kam ich mit dem Leben aus dem Lager. Ein halbes Jahr blieb ich in Auschwitz, bevor ich in dieses Lager kam.

Die erste Zeit arbeitete ich am Empfang. Tag und Nacht kamen die Züge. Sie machten nur einen kurzen Aufenthalt am Bahnhof, um registriert zu werden. Dann sollten sie weiter. Vom Bahnhof führten sechs Spuren, eine zu jedem der sechs Krematorien. Die Gaskammern hatten Platz für mehrere Hunderte. Eine viertel Stunde dauerte es jedes Mal, dann wurde frische Luft durchgeblasen, und das Zahnarztkommando rückte ein. Gold und Platina wurde von den Zähnen entfernt. Dann kamen die Haareschneider. Denn das Haar sollte ja auch noch benutzt werden.

Schließlich kam das Transportkommando, und die Leichen wurden auf Karren direkt zum Krematorium gefahren. Ich sah den Rauch, und jedes Krematorium hatte eine Kapazität von 1000 Leichen pro Tag.

Meine Eltern und meine kleine Schwester..." Er schweigt plötzlich und schaut vor sich hin. Dann sagt er langsam: "Ich glaube nicht, daß uns diese Teufel am Leben lassen werden. Die einzige Ursache, daß wir noch nicht tot sind, ist unsere Arbeitskraft. Am letzten Tag werden aber die Maschinengewehre in den Wachtürmen auf uns gerichtet werden".

Nach einer kurzen Pause setzt er fort: "In Auschwitz hatten sie ein einfaches System für die Entfernung von schlechten Arbeitskräften. Die ganze Belegschaft der Baracke wurde am Ende der Lager-

straße aufgestellt. Dann wurde ein Signal gegeben, und alle rannten um ihr Leben. Auf halbem Weg standen Leute an der Seite, die plötzlich die Straße absperrten. Wer passiert hatte, blieb am Leben. Die anderen wurden sofort zum Krematorium geführt."

Jetzt kommt Suerre und bricht in das Gespräch ein: "Der Lagerälteste ist in unsere Baracke gekommen und ist sehr aufgeregt. Er sagt, daß eben ein Befehl gekommen sei, daß sämtliche Norweger und Dänen zurück nach Sachsenhausen kommandiert sind. Der Transport geht schon morgen früh ab."

"Warum aber?" Keinem gefällt das Unbekannte. Besser ist es da zu sein, wo man alles kennt.

Uns gefällt der Gesichtsausdruck des Lagerältesten nicht. Elf Jahre war er in verschiedenen Lagern. Und wie bei den meisten dieser Kumpane führt jede Änderung immer zu etwas schlechterem. Ein Befehl von oben hat noch nie etwas Gutes mit sich gebracht. Was kann aber dahinter stecken? Und warum gilt er nur für Norweger und Dänen...?

...Ich treffe Ragnar in Sachsenhausen wieder. Wir gehen an den Baracken entlang und lesen an den Giebeln: 'Es führt ein Weg zur Freiheit...'

"Sämtliche Norweger und Dänen von den Außenkommandos sind jetzt im Hauptlager." Ragnar spricht vom einzigen Thema was im Augenblick interessiert. "Es muß etwas bedeuten. Und ich zweifle nicht daran, daß die Gerüchte die Wahrheit berichten. Du hast ja selber gesagt, daß sich das Rote Kreuz für uns einsetzen wird. Wenn ich mich nicht irre, sprachst du auch von schwedischen Autos"

"Ja, ja, aber erst nach dem Kriegsende. Ich habe immer damit gerechnet, daß unsere Regierung in London, Norweger in Schweden und das Rote Kreuz der skandinavischen Länder zum Einsatz bereit sein werden, aber erst nach dem Kriegsende. Daß Himmler diese wunderbaren Arbeitskräfte freigibt, und zehntausend "Verbrecher" aus den Lagern nach Schweden schickt, damit sie dort von den Greueltaten der SS

FUCHSBAU

berichten können – nein, Verzeihung!" Ich bereue sofort, was ich gesagt habe, denn Ragnar ist ganz still geworden. Ich habe wohl seinen schönsten Traum zerstört.

"Warum aber alle Skandinavier sammeln? Warum dürfen wir nicht mehr in den gestreiften Häftlingskleidern gehen? Warum werden wir vom Lagerkommandanten selber inspiziert? Es ist doch noch nie passiert, daß ein SS–Offizier höchst persönlich untersucht hat, ob unsere Schuhe in Ordnung sind, daß wir gute Mäntel tragen und gut aussehen! Außerdem habe ich selber ein Gerücht überprüfen können. Ein Häftling hat geschrieben bekommen, daß in Schweden eine große Anlage gebaut wird, und man gab ihm zu verstehen, daß alles für uns berechnet sei."

"Mein lieber Ragnar, weißt du nicht, daß man zu jeder Zeit die unglaublichsten Nachrichten zwischen den Linien lesen kann? Auch ich glaube, daß dies alles für uns von großer Bedeutung ist. Ich rechne aber damit, daß wir nur nach Neuengamme bei Hamburg überführt werden, wie es die Gerüchte sagen. Ich glaube auch, daß es den Schweden gelungen ist, das zu bewirken.

Denn hier kann schon morgen eine Kriegszone sein. Ich glaube auch, daß die Schweden die Erlaubnis bekommen, uns in ihren Autos dorthin zu fahren."

Wir gehen zu unserer Baracke und passieren einen Lautsprecher des Lagers. Es werden die Nachrichten gemeldet, und jede Diskussion hört auf. Der Wehrmachtsbericht gibt zu, daß eine Brücke über den Rhein in die Hände der Alliierten gefallen ist. Die Amerikaner haben einen Brückenkopf bei Remagen gebildet.

Der Lautsprecher hängt an einem Pfahl außerhalb einer besonders eingezäunten Baracke. Für uns steigt die Hoffnung. Für die Häftlinge in der Sonderbaracke bedeuten diese Nachrichten aber den Tod. Sie kommen nie an die frische Luft, nur ausgewählte SS Männer dürfen die Baracke betreten. Wir kennen ihr Geheimnis nicht, man spricht aber davon, daß Dokumente dort gefälscht werden.

Ich schaue zum Balkon über dem Haupteingang hinauf. Zum letzten Mal beobachte ich die dunklen Gestalten dort oben. Wie immer stehen sie unbeweglich neben ihrem drohenden MG und schauen zu uns herunter. Sind sie nicht doch heute etwas weniger drohend? Haben sie etwas von ihrer früheren Macht verloren?

'Arbeit macht frei', lesen wir am Haupteingang, wo wir plötzlich aus dem Lager marschieren.

Eine lange Reihe von weißen Autobussen steht vor dem Lager. Ein Mann spricht mich plötzlich auf schwedisch an: "Wie geht es euch, Jungs? Legt euer Gepäck auf das Dach".

Ich bin verwirrt. "Bitte", sage ich und gebe ihm mein kleines Hab und Gut.

Mehrere Transporte sind schon nach Neuengamme gegangen, und ich habe schon Berichte über diese Autobusse, über die Roten Kreuz-Männer, über Päckchen mit Nahrungsmitteln und vielem anderen gehört. Ich glaubte daher, daß mich dies alles nicht mehr überraschen würde.

Schau aber – diese weiße Kolonne, die den langen Weg gekommen ist, nur um zu helfen – ein uniformierter Mann, der freundlich lächelt, und der fast die selbe Sprache wie ich benutzt...! Die Uniform machte es. Jahrelang hat jede uniformierte Person deutsch gesprochen – nur deutsch. Die Uniform bewirkte, daß das deutsche Wort "Bitte" aus meinem Mund fiel. Ich merkte, daß ich errötete und verschwinde in den Autobus. Der schwedische Soldat lächelt und plaudert in seiner wunderschönen Sprache weiter.

Neuengamme – das Lager bei Hamburg

"Der Graf kommt morgen zur Inspektion. Es ist merkwürdig, daß noch keine Umzüge befohlen sind." Serve ist sarkastisch.

Wir stehen und schauen über den Appellplatz.

"Wie oft bist du umgezogen?", frage ich.

"Keine Ahnung mehr", antwortet Serve. "Es muß aber mehr als siebzehn Mal sein."

Es muß eine von Serves gewöhnlichen Übertreibungen sein. Aber 6–8 Umzüge werden es gewesen sein. Das letzte Mal kam er zur Baracke, wo ich hause, und jetzt teile ich eine Koje mit meinem alten Freund aus Bad Saarow.

"Ich glaube, daß vor allem unsere Vertrauensmänner dafür verantwortlich sind", sage ich. "Dadurch hoffen sie, ein unlösbares Problem lösen zu können. Sie tun es wegen der Männer dort draußen." Ich nicke gegen den Appellplatz, wo die alten Häftlinge des Lagers gerade mit ihren

Arbeitskommandos einmarschieren. "Es ist Befehl von der höchsten Stelle, daß die Fassade in Ordnung sein soll – wenn die Schweden inspektieren kommen. Jeder Mann soll seinen eigenen Schlafplatz haben, u.s.w. Um das zu schaffen, müssen viele der alten Häftlinge umziehen. Das bedeutet marschieren, und für mehr als die Hälfte – der Tod. Also ziehen wir dauernd von Baracke zu Baracke – bis die Schweden verstehen, wie die Lage ist. Vielleicht können sie helfen..."

Die Kapelle ist am Tor angetreten. Und zu klingender Musik marschieren die Arbeitskommandos zum Appellplatz. Wie geübte Soldaten kommen sie in geraden Reihen, auch wenn sie um eine scharfe Ecke schwenken.

Eine Kolonne kommt auf uns zu. Bei jedem Schritt verschwindet mehr vom Glanz. Uns offenbart sich das wahre Gesicht des Konzentrationslagers. Mit verzerrten Gesichtern wackeln die Männer vorwärts. Es ist ihnen aber gelungen, im Takt zu bleiben, damit die SS–Männer nicht zu Schlägereien aufgefordert werden. Sie schaffen es hundert Meter noch, dann geht es plötzlich nicht mehr.

Zwölf Stunden Arbeitstag bei schlechtester Verpflegung, dann die Nacht mit vier–fünf anderen in einer Koje – 24 Stunden Frost in den elendsten Lumpen – ein Leben ohne eine einzige Freude – das alles sieht man in den Totengesichtern, den krummen Rücken und Knochen –.

Es wird Stillgestanden kommandiert, und die Männer bleiben stehen. Ich betrachte ihre Schuhe. Sie bestehen aus Holzschuhen, die mit Bindfaden zu den Resten des Oberleders verbunden sind. Einige haben Zeitungspapier dazwischen gesteckt. Jeden Tag bewegen sich diese Füße zwölf Stunden auf den Feldern oder im Ziegelwerk, während das alte, steife Leder gegen offene Wunden knarrt. Endlich ist der Tag zuende. Die Fassade ist in Ordnung.

Serve hat sich auf die Koje gelegt. Ich krieche zu meinem Platz, und ein schwaches Flüstern fängt an. Wieder äußern wir uns über die deutschen Anstrengungen, eine korrekte Fassade zeigen zu wollen.

In den letzten Tagen wurde ein neuer Zaun um die skandinavischen Baracken hergerichtet, man wünscht offenbar, daß die Schweden mit dem übrigen Lager nicht in Kontakt kommen sollen.

"Es ist aber sonderbar, daß die SS nichts mit der Fassade innerhalb des Zaunes macht. Und morgen kommt ja Graf Bernadotte", sagt Serve und dreht sich ganz vorsichtig in der schmalen Koje.

Plötzlich kommt ein Mann in den Raum. "Ach, da sehe ich ja zwei kecke Männer, die noch nicht schlafen. Ich suche Freiwillige. Die SS verlangt, daß der Schonungsblock heute Nacht geleert werden muß. Und bis morgen früh müssen die Skandinavier dort einquartiert sein."

"Da haben wir es", ist die einzige Bemerkung von Serve.

"Es wird eine scheußliche Aufgabe," sagt der Mann, "habt aber keine Wahl. Die SS hat es verlangt, und Ihr müßt so freundlich sein, da mitzumachen."

Serve ist böse. "Kannst du mir sagen, was aus den Kranken werden soll? Es sind mehr als 2000 Männer in dem Mauergebäude, drei bis fünf in jedem Bett, und ich kenne keinen freien Schlafplatz im ganzen Lager."

"Das ist der SS ganz gleichgültig. Wenn die Armen nur außerhalb des Zaunes sind, wenn die Inspektion kommt, dann kümmern sie sich nicht darum, ob diese Menschen unter einem Dach sind, oder sich draußen aufhalten müssen."

Wir gehen zum Schonungsblock, wo leichte Erkrankungen behandelt

werden, und Rekonvaleszenten wohnen sollen.

"Ja, morgen werden Vertreter eines neutralen Staates ein deutsches Konzentrationslager besuchen", sagt Serve. "Sie werden mit eigenen Augen sehen, daß alles Lüge ist, was die Feinde Deutschlands über die Konzentrationslager geäußert haben. Morgen werden die Schweden sehen, was die führende Kulturnation ihren Häftlingen bietet."

Ein Mann liegt auf der Treppe. Er liegt auf der Seite und der kahle Schädel ruht gegen die steinerne Stufe. Ich greife seinen Oberarm und will ihm helfen aufzustehen. Der Mann ist federleicht. Ohne Schwierigkeit hebe ich ihn hoch, während ich ihn anspreche. Er hängt ganz schlaff in meinen Händen und schaut mich stumpfsinnig an.

Ein anderer Häftling kommt an uns vorbei, schleppt zwei leichenähnliche Gestalten hinter sich. Er ist offenbar Krankenpfleger. Einen Augenblick läßt er die zwei Körper liegen, und kommt auf mich zu. "Laß ihn liegen", sagt er und betrachtet den Mann, den ich hochgezogen habe. Bald kommt ein Wagen, und dann kann er weggefahren werden.

Gleichgültig geht der Krankenpfleger zurück in das Gebäude. Andere Kameraden sind von unserer Baracke gekommen, und wir steigen die Treppe hinauf zum ersten Stock. Wieder treffen wir den Krankenpfleger, der drei Skelette auf dem Fußboden beobachtet. Nur eine dünne Haut deckt die Knochen.

"Sind sie tot?", frage ich.

"Ja, und wer nur wüßte, was ich mit ihnen anfangen soll, "erwidert er. Wir können sie aber erst nach dem Appell morgen früh in das Krematorium bringen. Dann muß ja alles beim Aufzählen stimmen. Ja, wir müssen sie vorläufig hier hin bringen."

"Sie? Gibt es mehrere?", frage ich.

Der Mann antwortet nicht. Ich beobachte ihn und sehe sein grünes

Dreieck an der Brust. Also war er Berufsverbrecher. Es ist ganz natürlich, daß solche Typen zum begehrten Arbeitskommando im Schonungsblock gehören.

"Gibt es mehrere Tote?", wiederhole ich meine Frage.

Der "Pfleger" denkt nur an sein Problem mit den Toten und zeigt mir eine Liste mit 16 Namen.

"Sind sie alle seit dem letzten Appell gestorben?"

Der Mann nickt nur bestätigend.

"Du hast ja aber nicht alle 16 hier?" Ich verstehe es noch nicht ganz.

"Doch, selbstverständlich", erwidert er und geht weiter.

Wir folgen ihm. Hinter einer Tür fängt einer der vier Blöcke des Gebäudkomplexes an. Da sollen also 500 der 2000 Patienten liegen, und seit gestern abend sind 16 davon gestorben.

Ein furchtbarer Gestank schlägt uns entgegen. Ich gehe nur einige Schritte weiter und bleibe stehen. Ich muß mich zusammenreißen und füge mich, halb bewußtlos werdend, dem "Pfleger".

Es liegen zwei Säle hintereinander, und wir gehen langsam zum innersten. Ich fühle mich unwohl. Es scheint unmöglich, den furchtbaren, verfaulten Gestank einzuatmen. Ich zwinge mich aber, weiter zu gehen. In den Betten und auf dem Fußboden liegen nackte und halbnackte Skelette. Ihre Augen folgen uns mit offenbarer Furcht.

Und dieser unerträgliche Gestank! Serve hat ein Fenster geöffnet, beugt sich hinaus und übergibt sich.

"Los! Aus den Betten raus!" Zwei "Pfleger" haben mit der Aufräumung angefangen.

Zwei norwegische Ärzte von uns sind auch gekommen. Der eine spricht uns an und versucht, ruhig aufzutreten. Er erklärt uns, daß wir die Kranken in Wolldecken tragen müssen, wenn sie nicht selber gehen können. Ein Wagen wird am Ausgang vorgefahren, und darauf sollen die schwersten Fälle gelegt werden. Es ist ein Befehl vom Kommandanten, daß alle zur Waschbaracke geführt werden sollen.

Ich stehe wie gelähmt. Wo soll man anfangen? Wie sollen wir vorgehen?

Der Arzt spricht beruhigend mit einem der Armen, während er ihm die Wolldecke wegnimmt, und sie auf den Fußboden legt. Er gibt ein Zeichen, daß wir den Kranken anfassen und ihn auf die Wolldecke legen

sollen. Mit Furcht kriecht er von uns weg.

Der Arzt spricht beruhigend und sagt: "Wir werden dir nichts Böses tun. Wir sind deine Freunde und wollen dir helfen".

"Nix Krematorium – Nix Krematorium", sind die einzigen Worte, die von ihm kommen, während die Augen im Totenkopf uns wild anschauen.

"Jetzt kommst du in ein richtiges Krankenhaus. Da wird es dir besser gehen." Der Arzt bittet um Hilfe, der Arme will aber nicht aus dem Bett.

Neben ihm liegt ein anderer Mann ganz ruhig und betrachtet seinen Kameraden. Vielleicht geht es mit ihm besser?

"Du mußt auch mitkommen", sagt der Arzt. "Ihr werdet zu einem Platz geführt, wo es euch besser gehen wird."

Ganz willenlos läßt er sich auf die Wolldecke legen. Er wiegt kaum mehr als 30 Kilo, trotzdem gleitet die Decke zwischen meinen Fingern. Jahrealter Dreck, Schweiß und Absonderungen von kranken Menschen haben den Stoff glatt gemacht.

Ein großer Anhänger steht vor der Tür. Wir müssen den Mann da hinauflegen. Wieder stehen wir am Bett, das wir eben verlassen haben. Der Mann, der sich sträubte, hat sich unter der Matratze versteckt. Da hat er offenbar irgend etwas verborgen. Es sieht furchtbar aus. Es gab offenbar keine Becken, und wer keine Kräfte mehr hatte, um zum Abort zu kommen, mußte also das Bett benutzen.

Hier tappt der Kranke und findet schließlich was er sucht – eine eiserne Schüssel. Sie enthält noch etwas Steckrüben, und mit zitternden Händen will er sie noch essen. Ich muß ihm die Schüssel wegnehmen, sein köstliches Hab und Gut.

Wir sehen, daß die Kranken noch sicherere Verstecke haben, als unter ihren Matratzen. Viele legen die Brotrationen zwischen die Beine. Dann können sie während des Schlafes nicht bestohlen werden.

Die Kameraden arbeiten mit Handtüchern vor der Nase. Das hilft vielleicht etwas. Das ganze Gebäude soll geleert werden. Vom Revier kommen Waschmittel und Läusepulver, was die Schweden dem Lager geschickt haben. Wird es aber nützen? Die Aufgabe erscheint hoffnungslos. Die Säle sind voll von Dreck, stinkenden Matratzen, toten und sterbenden Körpern. Man sagt, daß weitere 17 Kranke während des Transportes zu den wartenden Wagen starben.

Die "Pfleger" brüllen nicht mehr. Wir haben sie aus dem Gebäude gejagt, und gesagt, daß wir alles ohne ihr Schreien und ihre "Hilfe" besser schaffen werden. Mann um Mann wird aus dem Gebäude geholfen, gehend oder getragen. Langsam bekommen wir das Vertrauen der Armen.

Ich frage den einen: "Warum ißt du nicht lieber das Brot jetzt, anstatt es unter der Matratze zu verstecken?"

"Das Brot für den ganzen nächsten Tag bekommen wir am Abend. Deshalb müssen wir etwas für den nächsten Tag aufheben." Langsam und mit großer Beschwerde stößt er die Worte vor, während er das Stück Brot an die Brust drückt.

"Du hast ja aber kaum etwas gegessen", sage ich.

"Schaffe es nicht, kann nicht ohne Wasser schlucken," sagt er. "Und der "Pfleger" verlangt die Hälfte der Ration für eine Tasse Wasser."

Ich schaue nach den "Pflegern", diese Schurken, die den Mithäftlingen das Brot wegnehmen und sterben lassen. Keiner von ihnen ist aber zu sehen. Ihr günstiges Geschäft ist beendet, hier ist nichts mehr für sie zu tun. Wahrscheinlich sind sie jetzt im "Puff", bezahlen mit Brot, denn im KZ ist es das dankbarste Zahlungsmittel, auch im Hurenhaus des Lagers.

So langsam wird der Saal geleert, die Matratzen und die Decken kommen aus den Betten. Wir finden eine Leiche, die mehrere Tage alt ist.

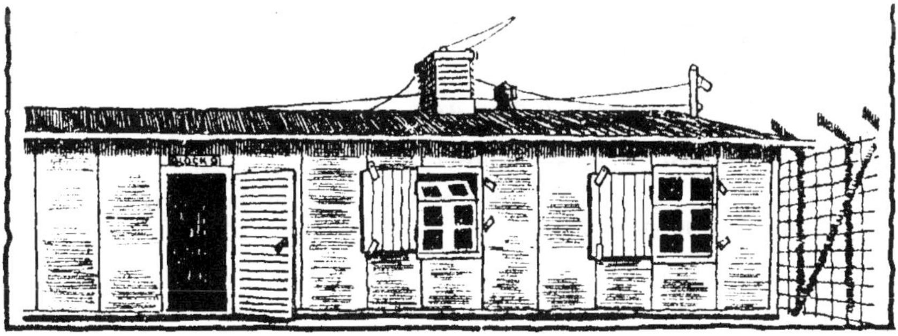

War nicht schwer sie zu verstecken und die anderen im Bett hatten eine zusätzliche Brotration teilen können.

Die Matratzen werden verbrannt – gegen den Befehl des Kommandanten. Unsere eigenen Ärzte und unser Vertrauensmann übernahmen die Verantwortung. Sämtliche Betten wurden gewaschen und desinfiziert. Um 10 Uhr vormittags ist alles bereit. Graf Folka Bernadotte hat seine Inspektion begonnen.

Wir warten gespannt in der Baracke. Die Meldungen kommen. Jetzt ist er im Mauergebäude, wo die Dänen eingezogen sind. Er wird von zwei schwedischen Offizieren, dem Lagerkommandanten und dem Lagerführer begleitet. Drei Häftlinge folgen auch. Der Graf hat den Wunsch geäußert, auch mit ihnen sprechen zu können. Der Kommandant weiß nicht recht sich zu verhalten, denn dieser Schwede hat ja auch eine Verabredung mit Himmler – ja die Häftlinge dürfen mit.

Bei uns scheint alles in Ordnung zu sein. Sämtliche losen Gegenstände sind auf die oberste Koje gelegt. Da kann sie keiner sehen, und auf dem Fußboden ist alles sauber und in Ordnung.

Die Spannung steigt. Jetzt ist der Graf in der Nachbarbaracke–.

"Achtung!"

Noch nie sind wir so schnell auf die Füße gekommen. Ein freundlicher Mann in der Uniform eines schwedischen Obersts tritt ein.

"Nehmt Platz, Jungs. Wir sind nur einige Schweden die gekommen sind um Euch zu begrüßen." Er grüßt mit der Hand zur Mütze.

Er begrüßt uns– –.

Es sind nur einige Schweden– –. Der Kommandant und der Lagerführer kommen auch in den Raum. Fällt es ihnen heute wohl schwer, die Form zu behalten? Ja, es muß unangenehm sein, wenn Offiziere eines fremden Landes ihre private Hölle inspizieren.

Bernadotte betrachtet einen Kübel mit Kartoffeln. "Bekommt Ihr oft solche Kartoffeln zum Mittagessen?" Die Frage geht auf Schwedisch, der Stubendienst antwortet auf norwegisch:

"Nein, das ist noch nie vorgekommen."

Die SS–Männer verstehen nichts und betrachten den Schweden und den Norweger mit Mißtrauen.

"Ja, das kann man sich wohl denken. Der Graf geht zwischen die Betten, in den Waschraum und auf den Abort. Alles wird inspiziert. Die

~MORGENSTEMNING~

SS–Männer folgen ihm ganz dicht, aber hinter ihnen kommen zwei norwegische Häftlinge. Sie wollen verhindern, daß die SS–Männer sehen, was weiter dahinter vor sich geht. Denn da geht der norwegische Vertrauensmann Löberg mit einem anderen schwedischen Offizier und erklärt ihm die ganze Lage im Lager.

Der Graf hat dauernd Fragen, und das macht es leichter für Löberg.

Trotz offener Wut von den SS–Männern wegen des Verbrennens der Matratzen wird keiner deswegen bestraft. Und nach wenigen Tagen kommen neue schwedische Matratzen, und Pakete mit Nahrungsmitteln ins Lager vom dänischen und schwedischen Roten Kreuz. Und nach der Inspektion fängt der Abtransport der Kranken vom Schonungsblock an, in weißen Bussen mit roten Kreuzen.

Die letzten Tage

Einer nach dem anderen kommen die weißen Busse durch das Tor. Sie kommen fast jeden Tag. Von den entferntesten Ecken im deutschen Reich kommen sie mit Norwegern unnd Dänen nach Neuengamme. Einige Kameraden aus dem Lager Bad Saarow stehen zusammen und beobachten sie...

Heute ist die Spannung besonders groß, denn ein Transport wird von Bergen Belsen erwartet. Unter den 24 Häftlingen aus Sachsenhausen, die dorthin kamen, waren mehrere gute Freunde. Wir sind sehr unruhig, denn die Meldungen aus Bergen Belsen waren düster. In dem übervölkerten Lager soll Typhus sein.

Sverre ist auf Nachtwache im Revier. Er hat deshalb einen Passierschein und geht hin, um Nachrichten zu bekommen. Ich gehe zur Baracke.

Während ich auf ihn warte, hole ich das Tagebuch aus der heimlichen Tasche. Der Bleistift ist spitz wie eine Nadel, damit die Buchstaben so klein wie möglich werden können...

13.4.45: Die Gerüchte besagen, daß die Alliierten etwa 40 Kilometer vor Bremen stehen sollen. Hannover soll gefallen sein. Kanonendonner vom Westen her. Verwirrung im SS–Lager, das evakuiert wird. Durch Motorenlärm und Explosionen erwachte ich letzte Nacht. Die Deutschen erzählen, daß ein Flieger ein Fahrzeug angegriffen habe. Busse vom schwedischen und dänischen Roten Kreuz evakuieren jetzt das Revier. Innerhalb einer Woche werden wir wohl auch fort müssen, ganz egal ob auf deutschen oder alliierten Befehl.

15.4.45: Die Gerüchte: Roosevelt sei tot. Die Alliierten haben die Elbe an zwei Stellen überquert, und stoßen gegen Hamburg vor. Wenn das der Fall sein sollte, kann es für uns schon zu spät sein, das Lager unter deutscher Kontrolle zu verlassen.

Das erste ist offenbar Unsinn. Es ist das siebzehnte Mal, daß Roosevelt oder Churchill tot gemeldet werden. Das einzig sichere: Königsberg und Wien sind gefallen.

16.4.45: Wir warten – warten – und warten, aber es geschieht nichts entscheidendes. Im SS–Lager gibt es Saufereien unnd viel Radau. Die Soldaten taumeln umher und trinken viel. Fliegeralarm ist nie kürzer als zwei Stunden. Nachrichten: Brückenkopf über der Elbe bei Magdeburg. Die Alliierten stoßen nördlich und südlich von Leipzig vor. – Wir können die Alliierten wohl zu jeder Zeit erwarten. Es kommen dauernd Autos vom dänischen Roten Kreuz mit Paketen. Gestern kam sogar eines aus Kanada. Es scheint, daß die Dänen die Evakuierung des Lagers übernehmen sollen. Vorläufig sind es alte und kranke Häftlinge, die in weißen Bussen weggefahren werden. Die Schweden sind wahrscheinlich in anderen Teilen von Deutschland tätig.

Sverre kommt, und ich schaue auf. Ich beobachte sein ernstes Gesicht, und verstehe, daß er schlechte Nachrichten hat.

"Von den 24, die nach Bergen Belsen mußten sind nur 11 zurückgekommen", sagt er. Ich starre ihn weiter an, und er weiß, wonach ich jetzt fragen werde.

"Und Kaare?", kommt es von mir, obwohl ich schon verstehe, was er sagen wird.

"Kaare kam nicht zurück", sagt er tonlos. "Aasebö ist auch nicht gekommen. Mugaas kam, ist aber so schwach, daß es kaum Hoffnung für ihn gibt.

Es ist nichts mehr zu sagen. Sverre geht...

I FORBRENNINGSOVNEN BLEV AVFALL
FRA BRAKKA TÖMT.

Auch Kaare! Ich sehe ihn vor mir – und das Bild über seinem Bett. Die junge, hübsche Frau, und ihr kleiner Junge. Sie ist auch Häftling, in einem norwegischen Lager. Jetzt wo der Krieg bald zu Ende ist, wartet sie auf ihn. Der Kleine wohnt bei den Großeltern.

Zu Weihnachten hatte Kaare in unserem Lager einen Chor geleitet. Noch nie hatte ich die Weih–nachtslieder so schön gehört. Er war auch der Weihnachtsmann und konnte wie der Nordwind blasen.

Es werden viele, die – die ...

Ich sitze und lausche zum Kanonendonner, der meldet, daß die letzten Tage gekommen sind. Und ich denke an die vielen Freunde, die nicht mehr am Leben sind...

Durch das kleine Guckloch im Zellenfenster im norwegischen Gefängnis sah ich, wie sie weggeführt wurden. Von den Kameraden aus der Unteroffiziersschule waren fünf von der Besatzungsmacht verhaftet worden.

Von ihnen bin ich der einzige, der noch lebt. Ich sehe meinen alten Chef, wie ich ihn während des kurzen Feldzuges sah, im Klassenzimmer und dann im Gefangenenlager vom Guckloch aus. Denn natürlich war er in der Widerstandsbewegung aktiv. Und es war wohl genauso natürlich, daß er sich für sein Vaterland eingesetzt hatte...

Ich sitze wieder auf dem Appellplatz mit meinem Gepäck – und warte. Ich hole erneut das Tagebuch aus seinem Versteck und fange an zu schreiben...

17.4.45: Heute ist es noch einen Monat bis zu unserem Nationalfeiertag. Wir träumen. In einem Monat kann dieser Krieg zu Ende sein. Es ist eben eine Art Befehl gekommen, mehr als ein Gerücht, daß wir uns marschbereit machen sollen. Keiner weiß, wann die Evakuierung des Lagers kommt. Es wird gesagt, daß Panzerspitzen von Bremen weiter vorgerückt sind, und daß sie jetzt 25 Kilometer von uns entfernt stehen sollen. Seit 9 Uhr haben wir ständig Fliegeralarm. Fast alle Häftlinge melden sich krank, um von den Bussen des Roten Kreuzes geholt zu werden.

Heute früh zogen bereits 100 Mann nach Dänemark los. Es wird gesagt, daß genügend Wagen zur Verfügung stehen würden, um 2.000 Mann zu transportieren. Die übrigen 2.000 Mann sollen zunächst am ersten Tag marschieren, um dann von den zurückgekehrten Fahrzeugen aufgenommen zu werden.

Gerücht: Die Russen sind mit 2 Millionen Soldaten zum Angriff angetreten. Sachsenhausen und Dachau sollen schon besetzt sein.

Die Schweden vom Roten Kreuz haben unseren Jargon übernommen. Einer von ihnen stößt auf einen Häftling mit einem Saxophon, ... macht große Augen, und ruft erstaunt: "Zum Teufel, wie hast du ein solches Ding 'orientieren' können?" (Bei uns klaut man und nennt es organisieren.)

19.4.45: Gestern fing das Evakuieren an. Mehrere Tausend wurden aufgerufen und maschierten bald los, keiner weiß wohin. Alle mit einem grünen Winkel, die deutschen Berufsverbrecher, wurden zum SS–Lager geführt, bekamen eine Uniform und sollen an die Front geschickt werden. Für uns Skandinavier ist aber nichts Neues geschehen. Wir wurden vom Marschbefehl nicht erfaßt. Weitere 300 "Kranke" sind transportbereit.

Neue Gerüchte: Fallschirmjäger sollen 8 Kilometer vor Lagen eingesetzt worden sein. Von London wird gemeldet, daß die Alliierten dicht vor Hamburg stehen sollen. Während des Appells flogen vier Flugzeuge über uns hinweg und griffen ein Ziel unmittelbar außerhalb des

Lagers an. Gleichzeitig begann eine Flak–Batterie nördlich des Lagers zu schießen. Die Flugzeuge stiegen auf, aber gingen erneut zum Angriff über. Mehrere Batterien schlossen sich dem Gegenfeuer an und nach kurzer Zeit war der Himmel über dem Lager voll von explodierenden Granaten. Wir konnten die englischen Symbole an den Flugzeugen deutlich erkennen, als die Flugzeuge abdrehten und scheinbar unversehrt verschwanden. Die SS–Leute behaupteten, daß es deutsche Flieger gewesen seien, die geübt hätten.

Jeden Abend, wenn die übriggebliebenen Häftlinge in das Lager marschierten, spielte jetzt unser Orchester "Die Wacht am Rhein".

20.4.45: Sitze immer noch auf dem Appellplatz und schreibe, während wir auf die dänischen Busse warten. Nach dem Signal zur Ruhe gestern abend, bekamen wir den Bescheid, daß man uns bereits um 4 Uhr wekken würde und der Abmarsch sei für 6 Uhr vorgesehen. Habe die Nacht schlecht geschlafen. Der Befehl vom Kommandaten lautet, daß 400 Mann pro Stunde abtransportiert werden sollen, keiner weiß wohin. Wer gesund ist, muß marschieren. Dauernd Fliegeralarm und Kanonendonnern. In den letzten Tagen sind Mengen von Paketen des Roten Kreuzes in das Lager gekommen. Um 6 Uhr waren wir zum Abmarsch angetreten, stehen aber immer noch da. Und jetzt wird es bald Abend. Es bleibt spannend, ob wir das Lager noch verlassen werden, bevor alle Wege von den Alliierten versperrt sein werden. Aber immer noch kommen dänische Busse durch...

Im Bus sind auch vier Kameraden aus Bad Saarow, das sind Ragnar, Embert, Johan und ich. Unser Gepäck wurde auf dem Dach des Wagens befestigt.

Wieder habe ich Glück gehabt, sitze sogar am Fenster und habe eine Wand hinter meinem Rücken. In dieser Ecke läßt es sich schlafen.

Als der Bus voll ist, fährt er sofort los, und wir rollen in Richtung Tor. Erst jetzt schauen wir uns erstaunt an. Kann das alles möglich sein? Kein Posten im Wagen. Nur die zwei dänischen Fahrer, die uns lächelnd anschauen – Ja, wir verlassen das Konzentrationslager, ohne daß irgendjemand auf einen von uns aufpaßt.

Es wirkt aber auf uns mehr das Sonnenlicht, die grünen Blätter an den Bäumen, das frühlingshafte Gras...

Ist es wirklich Frühling?

Was ich jetzt sehe, kommt vollständig überraschend. Im Lager gab es

PAKKEPOST

keinen Baum, kein Gras – alles war grau. Als wir damals nach Deutschland kamen, war es Winter – die Felder waren braun und die Bäume ohne Laub.

Es ist Frühling!

Noch nie habe ich ein so überwältigendes Gefühl gehabt, daß das Leben wieder anfängt...

Rundum leuchten die Augen meiner Kameraden vor Freude, und der lange Zug der weiß angestrichenen Busse rollt weiter...

Wir fahren durch ein Dorf. Überall an der Straße stehen jubelnde Kinder, die winken.

Wir sind perplex –

Ist das Deutschland?

Die Kinder strecken die Arme zu uns, die Gesichter strahlen. Nachdem was wir früher von der Bevölkerung gesehen haben, wirkt das einfach wahnsinnig. Können es die roten Kreuze sein? Hat man aus dieser Fahrt eine neue Propagandaeinlage gemacht? Es ist ja Hitlers Geburtstag.

An einer Straßenecke stehen kleine Mädchen mit Blumensträußen – Tulpen. Sie machen eifrig Zeichen und wir öffnen ein Fenster. Sofort fliegt ein Strauß in den Wagen.

Wir philosophieren nicht mehr über das was hier geschieht, erkennen nur die Tatsache, daß uns die deutsche Bevölkerung, auch die Erwachsenen, mit Freundlichkeit anschaut.

Die Männer in den Häftlingskleidern lächeln und winken zurück. Sogar, wer die Deutschen am meisten haßt, taut auf.

"Dies ist doch ganz unglaublich. Es ist die freudigste Überraschung, die ich in Deutschland erlebt habe", sagt einer.

Von den Schachteln des Roten Kreuzes wird verschiedenes für die Kinder geholt, und Päckchen mit Keksen finden den Weg zu den Kleinen.

Jetzt kommen auch Erwachsene, fast alles Frauen. Sie sind größer und kräftiger, schieben die Kinder zur Seite und strecken die Hände zu uns hoch.

Das Sonnenlicht wird plötzlich so matt, der Frühling ist nicht mehr so grün.

'Ja, du hast dich wieder geirrt', sage ich zu mir. Der erste Eindruck war der richtige. Die Blumen wurden aus Liebe geworfen und als wir die Kekse warfen, mußte es zu Streit führen.

Immer wieder hält die Kolonne. Es müssen Hindernisse vor uns sein. Dann setzen wir uns aber wieder in Bewgung.

Ein reizendes kleines Mädchen schaut mich an. Sie reicht mir die Hand. Ich lächle, winke und nicke. Ihr ganzes Gesicht strahlt, und sie hebt beide Arme zu mir. In der linken Hand hält sie einen Blumenstrauß, die andere winkt aber nicht. Die Handfläche zeigt zu mir, um etwas zu bekommen.

Ich will ihre Blumen nicht mehr...

Mein Gott, es ist ein süßes kleines Mädchen, und sie hat Hunger. Ich gebe ihr eine Tüte mit Zucker.

Im Wagen ist es ganz still geworden. Die Männer schauen auf die Menschen da draußen – was denken sie wohl? Nach einigen Minuten finden schwedische Konserven und dänische Wurst den Weg zu den Deutschen. Die meisten sind Kinder und die Frauen unter ihnen denken wohl auch an ihre Kinder. Sie haben alle Hunger und jetzt sind wir satt.

Ein kleines Mädchen steht ganz hinten und schreit. Sie ist nicht kräftig genug, um an den Großen vorbei zu kommen. Eine Dose fliegt über die Köpfe hinweg und landet neben dem Mädchen. Sie greift zu, ehe die anderen kehrt machen können...

Wir fahren weiter, und sehen daß der Bus vor uns nach links abbiegt. Wir fahren aber geradeaus weiter.

'Ist dies nicht verkehrt', denke ich und schaue nach vorne. Die Fahrer verhalten sich aber ganz ruhig. 'Sie kennen ja den Weg', sage ich zu mir.

Fünf Minuten später hält der Wagen, und die Fahrer diskutieren. Etwas stimmt wohl doch nicht. Dann fahren wir wieder, halten. Der Weg ist gesperrt. Wir sehen Rauch, und da vorne steht ein Wagen, der brennt. Soldaten laufen hin und her, versuchen zu löschen. Zwei tote Pferde liegen da, dem einen fehlt der Kopf. Am Waldrand brennt auch irgend etwas...

Die Fahrer fragen, wo der Weg hinführt.

"Nach Berlin!", wird geantwortet.

Fünf Minuten später sind wir wieder an der Kreuzung und finden einen Platz in der langen Reihe von weißen Bussen.

Es ist dunkel geworden.

Wie graue Gespenster bewegen sich die Busse vor uns. Licht ist nirgends zu sehen. Ich habe mich in meiner Ecke eingerichtet, und meine wattierte Russenjacke ist ein ausgezeichnetes Kopfkissen. Ich habe sie so gelegt, daß wenn der Wagen kräftig bremsen würde, sie den Stoß aufnehmen könnte.

Wieder hält die Kolonne. Ich sitze so gut, daß ich nicht aussteigen möchte, um frische Luft einzuatmen.

Ordonanzen auf weißen Motorrädern fahren vorbei, und es wird wieder still. Dem Bus vor uns wird eine Information gegeben, aber auf dänisch und ich verstehe nichts.

Wir sind in einem dunklen Wald, und ich sehe die Silhouette der Baumspitzen. Ja, es sind Fichten, wie zu Hause in Norwegen. Ich starre und starre gegen die dunkle Wand, die sich gegen den Himmel hebt...

Die Tür wird geöffnet und eine Schwester vom dänischen Roten Kreuz spricht: "Wir bleiben die Nacht über hier. Alle müssen sich in dem Wagen aufhalten, oder dicht in der Nähe. Morgen früh um vier Uhr fahren wir weiter".

Hier übernachten? Sie sagte etwas von Wasser, Licht und Streichhölzern. Meine Gedanken gehen aber zu meinem Schlafsack, der im Gepäck oben auf dem Dach liegt. Schon habe ich ihn mir geholt, und mit Ragnar und Johan laufe ich in den Wald. Johan wirft sich neben einem Baumstumpf nieder. "Hier bleiben wir!" "Bist du verückt?", schreit Ragnar. "Ich will weg von der Straße und vom Auspuff. Ich will weiter in den Wald."

Wir müssen alle Befehle hören können", versuche ich einzuwenden und will vernünftig sein.

"Hier legen wir uns nieder."

"Nein, hier ist es besser!"

"Aber hier ist eine kleine Senke."

Plötzlich fallen wir wie Kinder übereinander her, ringen, schieben, wälzen uns, tollen wie in unseren norwegischen Wäldern.

Das Feuer fehlt. Sonst ist alles da. Der Stein unter dem Rücken, wo ich liegen will, der harte, kalte Waldboden, der Duft von den Bäumen, die Ruhe, der Himmel.

So langsam verschwindet alles. Nur wunderschöne Feen und kleine Zwerge bewegen sich im Kreis um die drei Männer.

Die lange Reihe von weißen Bussen bewegt sich durch die Straße von Lübeck. Die zusammengestürzten Häuser, die riesigen Haufen von grauen Ziegelsteinen, die vielen Hände, die sich gegen uns strecken, wirken so unglaublich trübe gegen das scheinend weiße Band, das viertausend glückliche Menschen zum hellen nordischen Frühling führt.

Alte Menschen, für die Marienkirche und Schwesterkirche – Denkmäler der Kultur waren, erzählen, daß Deutschland einst das glücklichste Land der Welt war. Die Marienkirche und die Schwesterkirche sind heute Ruinen.

Hier war Wohlstand, Überfluß, Glück – das war aber vor dem ersten Weltkrieg. Ich denke an die Olympischen Spiele in Berlin, an die Autobahn, an die Deutschen, wie ich sie zwischen den Weltkriegen kennen lernte, und sehe jetzt die Krüppel und Ruinenberge.

Wir fahren durch Neumünster. Das Auto muß in einen niedrigen Gang kommen, um über den Schutt fahren zu können. Die letzten Bombenangriffe müssen erst vor sehr kurzer Zeit gewesen sein, denn überall liegen zersplittertes Holz und Mauerbrocken. Das Aufräumen hat noch nicht angefangen. In einem Garten steht eine schöne Treppe, dahinter ein Haufen von Ziegelsteinen, und davon halb begraben eine Badewanne.

Große Gebäude sind weg, nur ein Haufen von Baumaterial zeigt wo sie einnmal standen. Hier und da stehen noch kleine Überreste von Wänden.

Auf dem Bahnhofsgelände ist eine Wand von einem langen Gebäude herausgerissen. Im "Rahmen" stehen Hunderte von Flugzeugtragflächen, wie Karten in einer Kartei. In einer anderen Ruine sehen wir einen Haufen Traktoren.

Wir passieren den Kieler Kanal.

Bei Flensburg liegen mehrere Schiffe verankert. Es ist aber kein friedliches Bild, denn sie haben alle eine tarnende Farbe. Wir sehen auch mehrere U-Boote.

Jetzt sind wir dicht an der dänischen Grenze. Wenn wir sie passieren, werden wir die dänische Nationalhymne singen: "Es ist ein anmutiges Land..." Dieser "Befehl" geht von Mann zu Mann, und das Lied soll unseren dänischen Fahrern zeigen, wie hoch wir ihren Einsatz schätzen.

Die Busse halten wieder. Wir sind an der deutschen Grenzstation.

Ein Mann fängt ganz vorsichtig an zu singen, wird aber rasch zum Schweigen gebracht. Wir sind noch in Deutschland! Es fehlen noch 50 Meter, ehe das Land anmutig wird.

Ein deutscher Polizist geht von Wagen zu Wagen und bekommt die Anzahl der Personen. Es dauert aber nur einige Minuten, dann geht es weiter.

Wir fahren an einem Häuschen vorbei. Da steht "Told", also nicht "Zoll"!

Überall drängen sich Menschen. Sie rufen, winken, lachen.

Die Tür unseres Busses wird aufgerissen. Menschen pressen sich herein. Es ist ein totales Wirrwarr von Jubel.

"Seid ihr Norweger?"

Frauen kommen. Wir werden umarmt. Für viele ist es das erste Mal seit Jahren...

Hier sind Menschen, die innige, echte Freude daran haben, uns zu sehen, eine Freude, die wir viele Jahre lang nicht gemerkt oder gesehen haben.

Viele unserer Männer drehen sich um. Sie wollen nicht, daß andere die Tränen sehen sollen.

Ich schaue auf meine "Schuhe". Es knirscht im Sand, wenn ich neben dem Wagen hin und her gehe. Es ist kindisch. Ich weiß es. Ich kann es aber nicht sein lassen, mich über die eigenen Spuren zu freuen.

Jeder Schritt preßt eine kleine Welle Sand vor die Sohlen. Sie freut mich, weil der Sand nicht deutsch ist. Ich möchte hüpfen und tanzen. Es ist lächerlich, aber ich fühle auch Unlust bei dem Gedanken an den Boden, auf dem diese "Schuhe" anderthalb Jahre gewandelt sind.

Einige Jungen kommen mit einem Milcheimer, andere haben Kelle und Gläser.

"Möchtet ihr Milch – dänische Milch?" Die Jungen machen Zeichen während sie rufen.

"Dies ist dänische Milch", sagt einer, indem er mir ein Glas reicht.

Ich versuche dankbar zu lächeln, während das fette, weiße Unbeschreibliche literweise verschwindet.

Plötzlich steht Kamp vor mir. Es ist Kamp aus Bad Saarow, der eine der drei Dänen. Alles was er denkt, kann man an seinem Gesicht ablesen, es war immer wie ein offenes Buch.

Nie hatte ich sein Lächeln breiter gesehen als heute. Noch stärker als ich, muß er sich wohl über die Begegnung mit dänischem Boden freuen. Sein Gesicht zeigt mehr – es ist Stolz. Ja, Kamp lächelt stolz. Er ist stolz über seine Landsleute. Er weiß, daß die Milch gut schmeckt, viel mehr bedeutet ihm aber die Freude und die Wärme, die in diesen dänischen Gesichtern zu sehen sind.

"Jetzt geht es nach Horsens", sagt er. "Zuerst erwartet man uns aber mit Butterbroten in Kolding. Da hat man das schon lange vorbereitet."

Von mir kommen kleine Banalitäten – dies ist ja alles sehr schön – nach 5 Kriegsjahren habt ihr aber wohl auch wenig zu essen...

Mein dänischer Freund unterbricht mich aber lächelnd. In diesem Fall gibt es keine solchen Schwierigkeiten. "Als man in Kolding nach Freiwilligen fragte, meldete sich jeder Busfahrer der Stadt. Und als die Abfahrt nach Deutschland geplant wurde, meinte die Verkehrsgesellschaft, man müsse zwei Busse in der Stadt behalten. Als das bekannt wurde, ging eine Abordnung und verlangte, daß alle Busse fahren müßten und während sie in Deutschland sind, sollten die Einwohner radeln oder laufen."

Wieder befinde ich mich mit 1.200 anderen Norwegern hinter Stacheldraht im Lager Frösler. Was für ein Konzentrationslager aber!

Die Männer versuchen, ganz ruhig und wie selbstverständlich mit Gabel und Messer auf dem Teller zu arbeiten, während sie von Tassen mit Henkeln trinken. Jahrelang haben sie das nicht tun können.

Es geht allerdings erstaunlich gut, sie haben ihre alten Künste in den Jahren nicht vergessen, in denen sie nur eine blecherne Schüssel und einen Löffel zur Verfügung hatten.

Schinken, Käse und Marmelade kommen auf den Tisch, und dazu gibt es Weißbrot!

Deutsche Soldaten gibt es auch hier – aber was für Soldaten! Einer versucht zwischen zwei Tischen vorwärts zu kommen. Die Männer schauen ihn erstaunt an, während er um Entschuldigung bittet. Verwirrt geben sie ihm Platz, und endlich hat er das Ziel erreicht, die Milchkanne. Wieder lächelt er und bittet um Entschuldigung. Kurz danach ist er zurück – mit einer vollen Kanne!

Wir marschieren zur Baracke – und was für ein Marschieren?! Eine Gruppe von hundert plaudernden, gestikulierenden Männern bewegt sich am Wachturm vorbei.

Plötzlich taucht ein echter Preuße auf mit der geerbten Autorität vieler Generationen. Hier wird Ordnung und Disziplin verlangt.

"Seitenrichtung!" und "Vordermann!" wird geschrien. Die Männer drehen die Köpfe. Einige fangen an zu lachen, dann lachen alle, über die Tatsache, daß man über einen Deutschen lachen kann.

Der kleine Preuße ist ein kläglicher Anblick und versucht, sich aus der schlimmen Lage zu retten, indem er auch anfängt zu lachen. Dann verschwindet er schnell in den Wachturm.

Wir blieben eine Woche in diesem Lager. Die Alliierten hatten den Kieler Kanal schon erreicht, und wir sollen weiter. Jetzt geht es nach Schweden.

Überall wo die weißen Busse fahren, kommen die Menschen. Blumen und Blumen ...

Ich hatte nicht gewußt, wie lächelnd und anmutig Dänemark eigentlich ist.

Ich hatte nicht gewußt, wie sympathisch die Dänen sind.

Ich hatte nicht gewußt, wie schön die dänischen Mädchen sind.

Auf einem Feld pflügt ein Bauer. Die Pferde arbeiten schwer, und der Mann geht gebückt hinter dem Pflug.

Jetzt hält er. Die Pferdeköpfe heben sich, und alle wenden sich gegen die Landstraße. Zuerst steht der Mann da und schaut. Dann nimmt er die Mütze ab und winkt. So steht er da, bis der letzte Bus vorbeigefahren ist.

Wir kommen an einer Schule vorbei. Durch die offene Tür strömen die Kinder hinaus, und hinter ihnen kommen die Lehrer. Sie haben alle frei bekommen, um uns zuzuwinken. Die Kinder sind alle aufgeregt, und die Busse müssen ganz langsam fahren, damit kein Unglück passiert.

Ein Maurer steigt von einem Gerüst herunter und winkt.

Ein Mechaniker kommt von seiner Werkstatt – und winkt.

Aus den Geschäften kommen Kunden und Angestellte.

Es ist eine unglaubliche Huldigung ans Leben, zu dem wir jetzt wieder zurückkehren dürfen.

Der Schwede neben mir vom Roten Kreuz erzählt, daß, als der erste Transport mit Kranken vor zwei Wochen durch Kopenhagen fuhr, die Busse von großen Menschenmengen aufgehalten worden waren und nicht vorwärts kamen. Schließlich ließen die Behörden Fliegeralarm ertönen. So verließen die Massen die Straßen und die Busse konnten weiterfahren.

Wir haben den großen Belt passiert, wo uns die Fährgesellschaft zu einem schönen Mittagessen eingeladen hatte.

Wir haben Kopenhagen noch gesehen...

Langsam läuft die Fähre in den schwedischen Hafen von Malmö ein.

Tausend Norweger stehen an Bord und beobachten die Menschen auf dem Kai im freien, friedlichen Schweden.

Die Männer vorne am Bug fangen an, die schwedische Nationalhymne ganz leise zu singen. Wie eine Welle verstärkt sich der Gesang, und immer lauter ertönt "Du alte, du freie..." auf dem ganzen Schiff.

Für sie alle ist die lange Reise von der Verhaftung bis zur wiedergewonnenen Freiheit beendet.

DOKUMENTE

Lebensdaten des Übersetzers

Albrecht Eika

30.10.1922 in Potsdam geboren (Mutter: deutsche Krankenschwester und Hebamme; Vater: aus Telemark (N), Geodät, Prof. in Trondheim)

1940 – Abitur in Trondheim; Studium im Hoch– und Tiefbau in Trondheim

1941 – illegaler Kurier nach Schweden

01.03.1943 Verhaftung

1943 – im norwegischen Gefangenenlager Falstad (im Dezember Transport in das KZ Sachsenhausen)

Juli 1944 bis März 1945 Arbeit am Nachrichtenbunker "Fuchsbau" Bad Saarow/Fürstenwalde

1945 – Rückkehr mit dem Schwedischen Roten Kreuz über das KZ Neuengamme und ein dänisches Zwischenlager

01.05.1945 Ankunft in Schweden

25.05.1945 Ankunft in Norwegen

Albrecht Eika lebt in Oslo als Dipl.Ing. für Hebezeuge.

Erläuterungen des Übersetzers
Albrecht Eika, Oslo

Für die Führung der Konzentrationslager im Dritten Reich war es ein Prinzip, daß die Häftlinge von der übrigen Bevölkerung vollständig getrennt leben sollten. In den ersten Jahren war das kein Problem, denn alle Tätigkeiten fanden innerhalb der Mauern und Zäune statt.

In der Kriegszeit wurde aber der Bedarf an Arbeitskräften so groß, daß viele Industriebetriebe die Häftlinge als Hilfsarbeiter benutzen wollten und dadurch entstand eine nähere Verbindung zwischen ihnen und der zivilen Bevölkerung. In vielen Fällen entwickelten sich sogar gute Freundschaften. Sehr oft waren Deutsche erstaunt, wenn sie entdeckten, daß Häftlinge in ihren armseligen gestreiften Kleidern Rechtsanwälte, Richter, Offiziere, Ärzte, Pfarrer, Lehrer, Gewerkschaftler oder Gutsbesitzer in ihren Ländern waren.

Viele Berufe sind auch in diesem Buch vertreten. Hier nun eine Liste einiger Personen, die mit Namen erwähnt werden:

Aaseböe, Carsten: Journalist einer kommunistischen Zeitung. Er gehörte zu den ersten Norwegern, die nach Sachsenhausen kamen. im April 1945 im Lager Bergen–Belsen verstorben.

Embret, Stöeng: Bankangestellter;

Finn, Hegbom: Er studierte zum Zeitpunkt seiner Verhaftung Medizin. Nach dem Krieg war er als Arzt tätig.

Franz, Mohr: Geschäftsführer einer Wohnungsgesellschaft;

Iversen, Iver: Bäckermeister;

Johan, Lehland: Geschäftsmann. Sehr aktiv in einer ev. Gemeinde;

Kaare, Hagen: Student. Verstarb im April 1945 im Lager Bergen– Belsen.

Kamp, Johan: Dänischer Seemann und Mitglied der kommunistischen Partei.

Liese, Heinrich: SS–Rottenführer, an der Front verwundet und deshalb abkommandiert zur Bauleitung im Außenlager Bad Saarow. Nach dem Krieg aktiv tätig in einer ev. Gemeinde.

Maurice Dirand: Französischer Lehrer. Nach dem Krieg Staatssekretär im Ministerium für Unterricht, auch Generalsekretär der Pariser Oper.

Mugaas, Kristian: Geschäftsangestellter, Mitglied der kommunistischen Partei. Im April 1945 in Schweden verstorben.

Ole, Jessesen: Fischer;

Pörschmannn, Paul: Vor dem Krieg Ingenieur in einer größeren Baufirma; Als SS–Unterscharführer und Bauleiter am Bunkerbau "Fuchsbau" eingesetzt, benahm sich gegenüber den Häftlingen menschlich.

Ragnar, Ranfeld: Geschäftsmann;

Sverre, Gansland: Büroangestellter;

Tönnes, Rolf Tönnesen: Büroangestellter.

Als Kuriosität kann weiter erwähnt werden, daß unter den Norwegern ein Schwimmer namens Sam Melberg war, der an den Olympischen Spielen in Berlin 1936 teilgenommen und die Hand von Adolf Hitler gedrückt hatte.

Lars To:

Der Verfasser dieses Buches trägt den Namen Lars To. Das ist ein Pseudonym für Odd Magnussen, das sich aus einem Nachrichtensystem ergab, welches sich in einem norwegischen Gefängnis unter den Insassen bewährt hatte. Die Zellen waren durch Buchstaben gekennzeichnet. Odd Magnussen kam in eine Zelle mit dem geheimen Buchstaben L – das ergab Lars und dort teilten sich zwei Häftlinge die Zelle. Odd war später angekommen = norwegisch "To". Also hieß Odd Magnussen in diesem Gefängnis für die Insassen: "Lars To".

Weitere Erläuterungen:

Rjukan: So heißt eine kleine Industriestadt mit 6.000 Einwohnern in einem engen Tal und dem Hochgebirge als nächsten Nachbarn. Von Kindheit an ist man es in Norwegen gewohnt, viel Zeit in der Natur zu verbringen, und in keiner anderen norwegischen Stadt gab es so viele Jäger und Angler, wie in dieser.

Diese Verhältnisse waren die Grundlage für eine starke Widerstandsbewegung während des Krieges. Männer von dieser Stadt waren an der Sabotage gegen die Fabrik beteiligt, die Deuterium herstellte, ein wichtiges Material für die Herstellung von Atombomben. Bei diesem Angriff kam keiner ums Leben, anders wäre es bei einem Bombenangriff der Aliierten ausgegangen.

Bezeichnend ist, daß von den 17 norwegischen Trägern des Kriegskreuzes mit Schwert, drei aus Rjukan kamen.

Odd Magnussen:

Der Autor wurde am 12. Februar 1912 als Sohn eines Kaufmanns geboren. Er machte 1931 das Abitur und ging das folgende Jahr auf eine ökonomische Schule. Den Militärdienst absolvierte er in der Königlichen Garde und er besuchte eine Offiziersschule der Infanterie. Er wurde Reserveoffizier und arbeitete in einer Autofirma, bis er 1938 eine leitende Stelle in einer Druckerei bekam.

Bei Kriegsausbruch 1939 wurde er zum Neutralitätsschutz einberufen und kämpfte im April 1940 gegen den deutschen Überfall. Nach kurzer Kriegsgefangenschaft wurde er entlassen und ging in seinen zivilen Beruf zurück.

Es dauerte aber nicht lange, dann begann er eine kleine Widerstandsbewegung zu organisieren. Am 27. Juni 1942 wurde er verhaftet und blieb bis Kriegsende in deutscher Gefangenschaft.

Im Sommer 1945 schrieb er das Buch, dessen 2. Teil als deutschsprachige Fassung hier erstmalig vorliegt.

Bis zu seinem Tod am 11. September 1976 war er in einem Industriebetrieb als Chef für Werbung und Information tätig.

Neben dieser Dienststellung unterhielt er eine kleine Firma zur Herstellung und Montage von Behelfsschlitten. Als Pfadfinder war er bereits vor dem Krieg auf langen Wanderungen im Hochgebirge unterwegs. In mehreren Berichten hatte er über diese Erfahrungen geschrieben und wie man sich im Hochgebirge verhalten sollte, um Unglücke zu vermeiden.

Er interessierte sich besonders für praktische Maßnahmen, wenn jemand im Schnee transportiert werden mußte. Während der Gefangenschaft in deutschen Lagern machte er bereits mehrere Entwürfe für Behelfsschlitten und besprach die Entwürfe mit Freunden, auch mit dem Übersetzer dieses Buches.

Nach der Heimkehr gingen diese Arbeiten weiter und die Lösung war so wohlgelungen, daß sie bei der norwegischen Armee, beim Roten Kreuz und im Rettungswerk übernommen wurde. Eine bedeutende Anzahl dieser Behelfsschlitten ging ins Ausland besonders nach Schweden, Großbritannien, in die Vereinigten Staaten und nach Canada. Auch in Deutschland gab es Käufer.

Widerstandsbewegung

Mit seinen Erfahrungen aus Touren im Hochgebirge bei Rjukan und aus der Militärdienstzeit war es für Odd Magnussen selbstverständlich, daß er schon im Herbst 1940 die Möglichkeit für den Widerstand gegen die deutsche Besatzung mit Jagdfreunden aus Rjukan diskutierte. Deutschland siegte zwar immer noch an allen Fronten, die kleine Gruppe konnte sich aber trotzdem keinen deutschen Endsieg vorstellen. Überall gab es Gerüchte, und wie wenig realistisch sie auch waren, die jungen Männer glaubten fest an eine englische Invasion an der Westküste Norwegens. Und einen solchen Angriff wollten sie als Partisanen militärisch unterstützen.

Es wurde berichtet, daß in ganz Norwegen Widerstandsgruppen gebildet wurden, und daß es sogar ein Oberkommando geben sollte. Odd Magnussen suchte eine Aufgabe.

Er wohnte in Oslo und nördlich der Stadt gibt es große Wälder. Vereinzelt findet man dort kleine bewohnte Höfe. Die Einwohner arbeiten hauptsächlich in der Forstwirtschaft. Dazu gab es einige Wanderhütten mit Bedienung.

An einem späten Herbsttag saßen drei Kameraden vor einem Zelt in diesen Wäldern und diskutierten die militärische Lage in Europa. Die Beurteilung war optimistisch und man überlegte, was bei einer Invasion englischer Truppen in Norwegen geschehen würde. Sie kamen zu der Folgerung, daß eine derartige Invasion von norwegischen Kräften unterstützt werden müßte. Dazu müßten junge Männer mit militärischen Erfahrungen aus der Stadt gewonnen werden. Es war wichtig diese Kräfte zu sammeln und vor allem die nötigen Vorräte bereit zu halten.

Am offenen Feuer im Wald wurde dann ernsthaft beschlossen, die Wanderhütten mit Konserven, Mehl, Zucker und anderen Nahrungsmitteln auszurüsten. Das war der Anfang und nach der Rückkehr zur Stadt wurde eine Gruppe gebildet, die mit Großhändlern und anderen Lieferanten in Verbindung treten sollte. Langsam wurden Vorräte gesammelt und zu den Hütten gefahren. Das größte Problem war die Geheimhaltung, denn die Besatzungsmacht hatte ja eine gute Übersicht über alle Lagerbestände, und eine scharfe Rationierung war längst eingeführt.

Während dieser Tätigkeit kam Odd Magnussen mit einem Forstmann in Verbindung, der sich auch für die militärische Lage interessieren ließ. So langsam konnten sie sich einem anderen Problem nähern: Durch den Wald und in teilweise sehr schwierigem Gelände, geht eine Hauptstraße in Richtung Westen – die einzige befahrbare Verbindung. Bei einer Invasion würde sie von ganz besonderer Bedeutung werden, und die beiden Männer sahen hier eine dringende Notwendigkeit, im gegebenen Fall eine Sperre zu errichten.

Eine geeignete Stelle war bald gefunden, wo man mit einer Reihe von Stützpunkten aus hätte die Straße beherrschen können. Das Gelände neben der Straße stieg auf einer Seite steil an und fiel auf der anderen Seite in einen See ab. Es wäre sehr schwer gewesen, die Stellungen zu umgehen.

Ein großer Plan wurde ausgearbeitet: mit Unterminierungen des Weges, Stellungen für Maschinengewehre und Granatwerfern, Unterkünfte für Mannschaften, Verbindungsgräben und Telefonleitungen. Und es wurde noch konkreter: Durch Baufirmen wurde schon bald Dynamit beschafft, und allmählich kam man auch mit Männern in Verbindung, die Waffen verschaffen konnten, die nach den Verteidigungskämpfen im April 1940 versteckt worden waren.

Langsam wurde die Gruppe erweitert, aber es war noch nicht zur Organisation einer militärischen Abteilung gekommen. Man kannte aber die Einwohner in den Waldsiedlungen und aus der nächsten Umgebung. Männer, die das Gelände gut kannten, und besonders gut für militärische Aufgaben unter diesen Verhältnissen geeignet schienen.

Verhaftung

Neben diesen Plänen und Arbeiten ging Odd Magnussen immer noch seinem zivilen Beruf nach. Er wohnte in seiner kleinen Wohnung in der Stadt, ohne irgendwelche Sicherheitsmaßahmen vorbereitet zu haben. Eines Tages kam ein Herr in das Büro und bat um ein Gespräch vor dem Gebäude. Sie gehen hinaus und plötzlich tauchen zwei weitere

Männer auf und sie drängen Magnussen zu einem großen Auto. Es war die norwegische Staatspolizei von der Nazipartei, die unter Führung von Vidkun Quisling stand.

Odd Magnussen kommt in ein Gefängnis und wird sofort vernommen. Man hatte seinen Namen auf einer Liste gefunden, die in Verbindung stand mit der vorgesehenen Beschaffung von Nahrungsmitteln. Er war auf solche Fragen vorbereitet, fürchtete aber, daß andere Verschworene auch verhaftet sein und andere Aussagen gemacht haben könnten.

Die Polizei führte zunächst ein ruhiges Gespräch, behauptete aber, daß Odd Magnussen nicht die ganze Wahrheit erzählen würde und drohte mit der Gestapo. Da würden die Vernehmungen viel schärfer sein. Schließlich sollte er seine Aussage aufschreiben und die Gestapo würde prüfen, was weiter geschehen sollte.

Nach wenigen Tagen geht es dann in das deutsche Hauptquartier und Odd Magnussen wird in einen Raum geführt, wo sechs Männer auf ihn warten, vier Deutsche und zwei Norweger. Auf einem Tisch liegen sechs Gummiknüppel. Der Gefangene wird aufgefordert, die ganze Geschichte des Proviants zu erzählen. Er erzählt genau das, was er schon gesagt und aufgeschrieben hatte und die Sechs amüsieren sich offenbar über die erneute Aussage.

Plötzlich ändert sich die Szene. Wütend beginnen sie über den Wehrlosen herzufallen, schlagen ihn mit den Knüppeln, stoßen ihn mit den Füßen, bis er ohnmächtig am Boden liegt. Kaltes Wasser bringt ihn wieder zu Bewußtsein, aber die Schlägerei geht weiter. Immer wieder soll er auf Einzelheiten der Aussage eingehen, merkt aber trotz der Tortur, daß von den militärischen Vorbereitungen an der Straße nichts bekannt zu sein scheint.

Am Ende ist er so geschunden und mürbe, daß er sich darauf vorbereitet, alles zu sagen, auch wenn es zu weiteren Verhaftungen führen würde. Zum Glück lassen aber im Raum auch die Schlägereien nach, die Peiniger sind wohl auch müde geworden. Schließlich sagt der Anführer: "Wir wissen, daß sie gelogen haben, gelogen, gelogen. Alles was sie gesagt haben, war eine Lüge – und sie sind dumm! Mein Gott, wie dumm sind sie, weil sie glauben, dieser Unsinn nützt ihnen." Er zeigt auf die Knüppel und sagt weiter: "Das war Spielzeug, das waren Kinderspiele für das Theater, das auf sie wartet, wenn sie die Wahrheit nicht sagen. Das Lügen wird ihnen nicht helfen und keinem anderen. Jetzt warten wir einige Tage, bis wir gehört haben, was ihre Kumpane zu sagen haben".

Nur mit großer Mühe konnte Odd Magnussen noch gehen. Der ganze Körper schmerzte enorm, die Beine konnten ihn kaum tragen. Er registrierte, daß er nicht mehr viel ertragen würde. Er sah nur noch zwei Möglichkeiten: zu versuchen aus dem Fenster zu springen und aus vier Stockwerken auf die Straße zu fallen oder alles zu erzählen. Ein SS–Mann erkannte die Gefahr eines Selbstmordes und hielt ihn an der Hose fest. Er beginnt den Begleiter anzusprechen, aber der zeigte kein Interesse mehr an einem Gespräch. Langsam verstand Magnussen, daß er wohl für's erste gerettet sein könnte, denn von den Vorbereitungen der Sperrung scheint die Gestapo nichts zu wissen, denn sie interessierte sich nur für die Proviantlager.

Odd wird ins Gefängnis zurückgebracht. Langsam verschwinden auch die Spuren der Vernehmung. Jeden Morgen stellt sich aber erneut die Frage ein, ob er wieder geholt werden wird. Aber zum Glück geschieht das nicht.

Dadurch tauchten neue Fragen auf: Wenn der Fall offenbar erledigt ist, wird man wohl nicht daran interessiert sein, ihn weiter zu behalten? Vielleicht wird er sogar bald entlassen – lange war es auch nicht bis Weihnachten? Begnadigungen machten bei der Bevölkerung stets einen guten Eindruck!

Die Monate im Gefängnis gehen aber weiter. Es vergeht sogar ein Jahr und eines Tages wird er vom Gefängnis aus in ein Lager außerhalb der Stadt gebracht. Das Gefängnis wird für andere Verhaftungen gebraucht. Odd Magnussen ist Offizier und damit ein ewiger potentieller Gegner für die Besatzer. Er bleibt in Haft. Inzwischen wächst in Deutschland der Bedarf an Arbeitskräften. Odd Magnussen wird mit vielen anderen nach Sachsenhausen gebracht.

Pest oder Cholera

In einem alten Sprichwort kann man zwischen der Pest oder der Cholera wählen, wenn keine der Alternativen günstiger ist. Für viele Häftlinge in Norwegen war das die Lage. Man hatte von den Konzentrationslagern in Deutschland gehört, man erwartete schlimmste Verhältnisse, schlimmer als in norwegischen Lagern. Dazu würde kommen, daß man sich in fremden Land viel unsicherer fühlen würde, auch wenn man hilflos hinter Mauern und Stacheldraht saß.

Es gab aber noch einen anderen Aspekt. Fast alle norwegischen Häftlinge waren in einer Form des Widerstands tätig gewesen. Wer militärisch

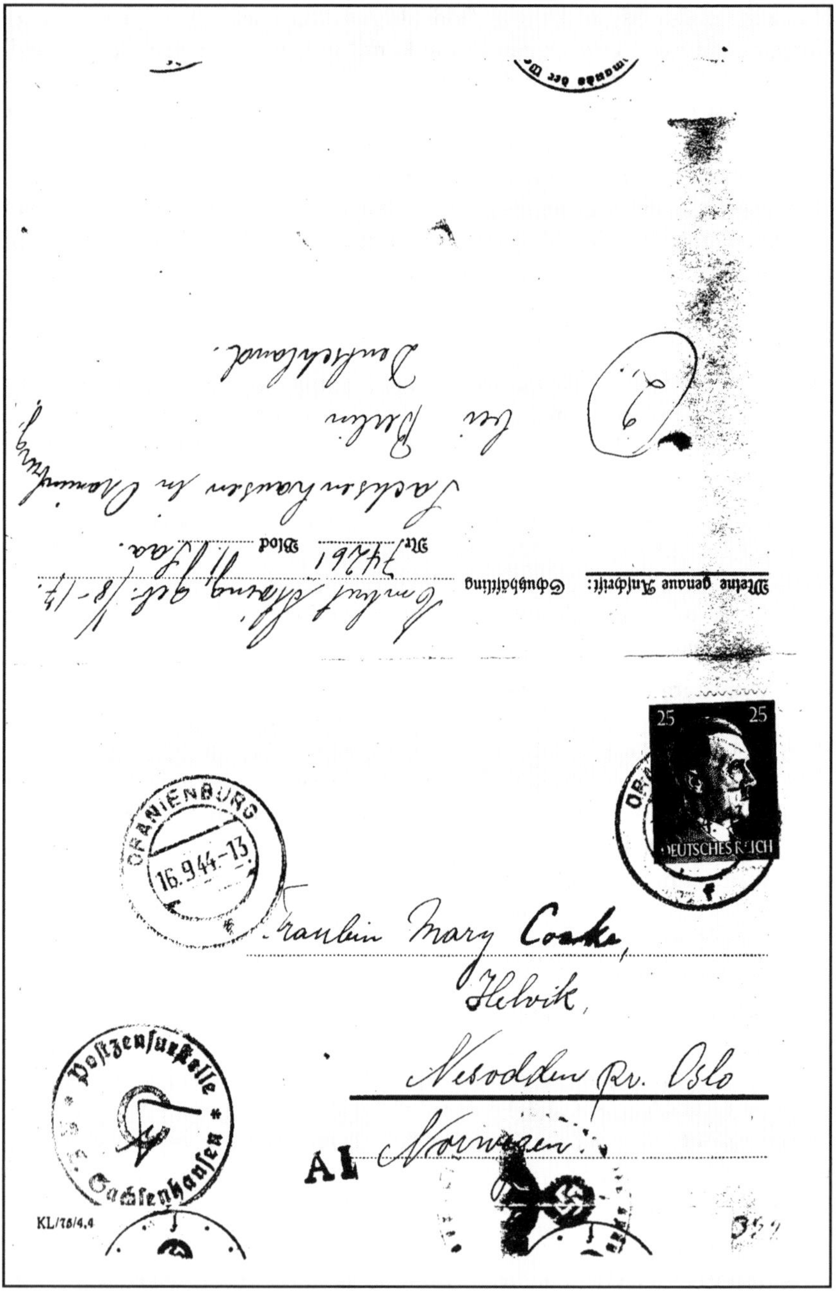

Fräulein Mary Cooke,
Helvik,
Nesodden pr. Oslo
Norwegen.

ORANIENBURG 16.9.44-13

Postzensurstelle Sachsenhausen

AI

DEUTSCHES REICH 25

KL/76/4.4

Meine genaue Anschrift: Schutzhäftling Embret Støing geb. 1/8-17.
Nr. 74261 Block 11 Saa.
Sachsenhausen in Oranienburg
bei Berlin
Deutschland.

5/7 - 1944.

Der T[illegible] [illegible]ntlassung kann jetzt noch nicht angegeben werd[illegible] im Lager sind verboten. Anfragen sind [illegible]

Auszug aus der Lagerordnung:

Jeder Häftling darf im Monat 2 Briefe oder Postkarten empfangen und [illegible]gehende Briefe dürfen nicht mehr als 4 Seiten à 15 Zeilen enthalten und müssen übersichtlich und gut lesbar se[illegible]gen sind nur durch Postanweisung zulässig, deren Abschnitt nur Vor-, Zuname, Geburtstag, Häftlingsnummer [illegible] keinerlei Mitteilungen. Geld, Fotos und Bildereinlagen in Briefen sind verboten. Die Annahme von Postsendu[illegible]gestellten Anforderungen nicht entsprechen, wird verweigert. Unübersichtliche, schlecht lesbare Briefe werden verni[illegible] kann alles gekauft werden. Nationalsozialistische Zeitungen sind zugelassen, müssen aber vom Häftling selbst im [illegible]slager bestellt werden. Lebensmittelpakete dürfen zu jeder Zeit und in jeder Menge empfangen werden.

Der Lagerkommandant

Meine allerliebste Mary. Ich habe deinen Brief vom 22/5 mit Dank erhalten. Zur Zeit ist es hier schönes Wetter mit Sonne den ganzen Tag. Ich bin frisch und gesund und braun wie ein Neger. Ich höre dass du in den Garten arbeitest. Es freut mich ob ich dir helfen konnte aber ich komme zurück und dann! Ich bin damit einverstanden dass wir uns bei erster Gelegenheit heiraten. Nun ist es bald Freitag und dann erhalte ich einen Paket von dir. Vielen Dank meine Mary du bist das beste und schönste Mädchen der Welt. Ich wollte sehr gern ein Bild von dir haben, es ist aber verboten in Briefe zu senden. Immer dein

Embret.

9/8 – 1944.

Der Tag der Entlassung kann jetzt noch nicht angegeben werden. Besuche im Lager sind verboten. Anfragen sind zwecklos.

Auszug aus der Lagerordnung[redacted]

Jeder Häftling darf im Monat 2 Briefe oder Postkarten [redacted]nd absenden. Eingehende Briefe dürfen nicht mehr als 4 Seiten à 15 Zeilen enthalten und müssen übersichtlich u[redacted] sein. Geldsendungen sind n u r durch Postanweisung zulässig, deren Abschnitt nur Vor-, Zuname, Geburtstag, H[redacted]er trägt, jedoch keinerlei Mitteilungen. Geld, Fotos und Bildereinlagen in Briefen sind verboten. Die Annahme [redacted]dungen, die den gestellten Anforderungen nicht entsprechen, wird verweigert. Unübersichtliche, schlecht lesbare Briefe [redacted]chtet. Im Lager kann alles gekauft werden. Nationalsozialistische Zeitungen sind zugelassen, müssen aber vom Hä[redacted] Konzentrationslager bestellt werden. Lebensmittelpakete dürfen zu jeder Zeit und in jeder Menge empfangen wer[redacted]

Der Lagerkommandant

Meine eigene Mary! Vie[redacted]Dank für deinen Brief
vom 18/6. Am Ersten m[redacted]h dir für das Paket, das
du mir an meinem Geb[redacted]g schickte, danken.
Am Besten war die 3 [redacted]en und den Tabak.
Du bist ja immer das[redacted] Mädchen, dass ich
liebe so sehr und in [redacted]äume bist du immer
in meinen Gedanken. [redacted]f mir geht alles gut. Ich
bin frisch und gesund. Ich höre dass du diesen
Sommer zu Hause stehen sollst. Es freut mich dass
du so wachst, denn du hast so viel zu tun. Wie
mit den Möbeln deiner Kusine Erna. Hat dein Vater
sie gekauft. Wenn sollen Sol und Arne sich heiraten.
Wir machen was wir wollen wenn ich komme zurück
Es ist, heiraten bei ersten Gelegenheit, nicht wahr! Es
kan nicht lange dauern. Grüsse Ingeborg, Elinor und
Leif für den Geburtstagspaketen. Die Turnschuhe habe
ich bekommen. Dein Embret.

6/9 - 44.

Der Tag der Entlassung kann jetzt noc[illegible]ht angegeben werden. Besuche im Lager sind verb[illegible]. Anfragen sind zwecklos.

A[redacted]us der Lagerordnung:

Jed[redacted] im Monat 2 Briefe oder Postkarten empfangen und absenden. Eingehende Briefe dürfen nicht mehr als 4 [redacted]en enthalten und müssen übersichtlich und gut lesbar sein. Geldsendungen sind nur durch Postanweisung zuläss[redacted]itt nur Vor-, Zuname, Geburtstag, Häftlingsnummer trägt, jedoch keinerlei Mitteilungen. Geld, Fotos und Bi[redacted]Briefen sind verboten. Die Annahme von Postsendungen, die den gestellten Anforderungen nicht entsprechen, wi[redacted]Unübersichtliche, schlecht lesbare Briefe werden vernichtet. Im Lager kann alles gekauft werden, Nationalsozialist[redacted]sind zugelassen, müssen aber vom Häftling selbst im Konzentrationslager bestellt werden. Lebensmittelpakete dü[redacted]eit und in jeder Menge empfangen werden.

Der Lagerkommandant

[redacted] eigene Mary. Vielen Dank für deinen Brief
[redacted] Ich erinnere mich sehr meinen Geburstag voriges
[redacted]s war ja sehr Vergnügend. Ich bin dir sehr
[redacted]kbar für die schönen Paketen die du mir
[redacted]meinem Geburstag geschickt hast. Die drei
[redacted] von dir in den Kikspaket von "Satre".
[redacted] ja sehr gut. Ich sollte nur wünchen dass
[redacted] mehr davon senden. Mit mir ist alles sehr
[redacted] Ich bin frisch und gesund und bei guter
[redacted]e. Dasselbe hoffe ich mit dir Mary. Wie
[redacted]s bei Olga. Ich sehe dass meine Schwestern
[redacted] Freunde bei dir auf Helvik gewesen war.
[redacted]orgen kommt die Sache zwischen meine
[redacted] hervor. Hoffe dass es zu einer gute Endung
[redacted]t. Wenn ich zurückkomme wollen wir
[redacted]heiraten nicht wahr." Ich freue es sehr.
Viele Grüss und Küssen
Dein Embret.

aktiv war, mußte stets mit dem Schlimmsten rechnen: mit einem Kriegsgericht und sogar mit einem Todesurteil. So waren ja die internationalen Kriegsgesetze. Die Besatzungsmacht war aber weiter gegangen und hatte sogar diejenigen mit dem Todesurteil bedroht, die den englischen Rundfunk gehört hatten, im Besitz von Untergrundzeitungen waren oder versucht hatten, das Land zu verlassen. Das große Risiko eines Ausnahmezustandes mit zahlreichen Hinrichtungen war auch immer möglich.

Wenn jemand nach Deutschland geschickt wurde, war dieses Risiko, das man im eigenen Land hatte, geringer. Man wußte, daß die Fahndung beendet war und man nicht vor ein Kriegsgericht kam. Für viele war es deshalb zunächst beruhigend, in ein deutsches Konzentrationslager überführt zu werden, wenn auch die Zukunft völlig ungewiß war.

Für Odd Magnussen war also die Überführung nach Deutschland eine Entscheidung zwischen der Pest und der Cholera, die er nicht einmal selbst bestimmen konnte.

Was er erlebte und mit den anderen Häftlingen durchmachen mußte, konnten wir gerade im 2. Teil seines Buchs "Wir warteten" lesen, der hier erstmalig in einer deutschsprachigen Fassung vorliegt.

Albrecht Eika

Brief des Fürstenwalder Kulturvereins e.V. an den norwegischen Übersetzer des Buchs "Wir warteten!", Herrn Albrecht Eika, Oslo

Sehr geehrter Herr Eika,

der Anlaß meines Schreibens ist der 50. Jahrestag des Kriegsendes und der Befreiung vom Faschismus. Es ist ja auch Ihr Freiheitsdatum. Ich habe vom Kulturministerium des Landes Brandenburg erfahren, daß zu den Feierlichkeiten im ehemaligen KZ–Sachsenhausen eine größere Gruppe ehemaliger Häftlinge aus Norwegen kommen wird. Ich vermute, daß Sie auch dabei sein werden. Nun wurde Sachsenhausen ja schon einige Wochen vor dem 8. Mai 1945 befreit.

Wir möchten aber in Fürstenwalde am 8. Mai eine Erinnerungs– und Gedenkveranstaltung durchführen. Zu dieser Gedenkfeier möchten wir Sie sehr gerne einladen. Nun werden Sie wahrscheinlich nicht so lange in Deutschland bleiben wollen, so daß Sie vielleicht zweimal fliegen müßten. Die Stadt Fürstenwalde würde Ihre Reise– und Aufenthaltskosten natürlich übernehmen. Der Fürstenwalder Kulturverein und ich, als dessen Vorsitzender, sollen die Gedenkfeier inhaltlich und organisatorisch vorbereiten. Deshalb die Bitte und Anfrage zuerst von mir. Wenn Sie uns zusagen können, wird eine offizielle Einladung unseres Bürgermeisters erfolgen.

Ich habe die Initiative zu dem Kontakt und der Bitte an Sie ergriffen, weil wir uns bei einem Ihrer früheren Besuche bei Herrn Kreutz kennenlernten und Sie einen sehr nachhaltigen, sehr warmherzigen Eindruck auf mich gemacht haben. Deshalb glaube ich, daß Sie der geeignetste Redner für uns Fürstenwalder sind, um uns als Zeuge und Opfer an die konkrete Fürstenwalder Typografie des Faschismus zu erinnern.

Ich füge Ihnen einen Programmentwurf für unsere Gedenkfeier bei. Das Erinnerungsbuch mit den beeindruckenden Zeichnungen Ihres Freundes, hat nun endlich auch große Chancen, gedruckt zu werden. Ich habe mich mit der Abteilung unseres Kulturministeriums verabredet. Man wird den Druck mitfinanzieren, wenn wir eine Ausstellung zu dem Thema zustandebekommen. Gemeinsam mit dem Museumsdirektor wird das geschehen. Der Termin wird deutlich nach dem 8. Mai sein, denn wir wollen nicht nur zum "Feierdatum" erinnern, sondern auch dann, wenn die vielen Veranstaltungen vorüber sind.

Sehr geehrter, lieber Herr Eika, ich hoffe und wünsche so sehr, daß Sie die Zeit und die Kraft haben, zu dem Maitermin zu uns zu kommen und auch zu sprechen.

Ich wünsche Ihnen und Ihren Lieben beste Gesundheit und Kraft genug, die Erinnerung an die schlimme Zeit ohne weiteren Schaden auszuhalten, denn ich denke, daß jetzt noch einmal alles Leid und der Tod der Kameraden sehr bedrückend aus der Erinnerung aufsteigt.

Seien Sie herzlich gegrüßt!

Hochachtungsvoll!

gez.: Friedrich Stachat

Fürstenwalder Kulturverein e.V.

Domplatz 7

15517 Fürstenwalde

Oslo 15. März 95

Lieber Herr Stachat,

so langsam verschwindet die Überraschung, die Ihrem Brief folgte und Demut hat übernommen. Es wirkt sehr stark, wenn die Stadt Fürstenwalde einen früheren Häftling einladen will, um das Jubiläum zu markieren. Für mich ist diese Aufgabe eine große Ehre, ich hoffe nur, daß mein Beitrag befriedigend wird.

Ich komme natürlich mit einem Manuskript. Es ist noch nicht endgültig, mit großer Wahrscheinlichkeit komme ich aber zum Jubiläum nach Sachsenhausen. Dann kann ich einen Tag in Fürstenwalde verbringen, um Einzelheiten zu besprechen.

Für mich wird es von besonderer Bedeutung sein, daß das Bild der Vergangenheit nicht rein schwarz–weiß gezeichnet wird, und daß die Opfer des Krieges nur außerhalb Deutschlands gesehen werden.

Herzliche Grüße, und auf ein glückliches Wiedersehen!

gez.: Albrecht Eika

Offizielle Einladung der Stadt Fürstenwalde
an Herrn Albrecht Eika, Oslo

13. April 1995

Sehr geehrter Herr Eika,

am 8. Mai gedenken wir auch in Fürstenwalde der 50. Wiederkehr des Jahrestages der Befreiung von der faschistischen Gewaltherrschaft. Das Ende des furchtbarsten Krieges der Menschheitsgeschichte haben Sie am Rande unserer Stadt als Häftling des KZ Sachsenhausen erlebt. Sie sind nach Jahren mehrfach zu uns zurückgekehrt, um Spuren der Vergangenheit und des Ortes der Demütigung und des Leidens wiederzusehen. In Gesprächen mit Fürstenwalder Bürgern sind Sie mit großer menschlicher Wärme den neuen Generationen der Deutschen entgegengekommen und waren bemüht, jede pauschale Schuldsprechung zu vermeiden.

Wir jüngeren, im Kriege oder erst danach geboren, sind zwar nicht schuldig an den Verbrechen der Nazi–Diktatur, aber wir tragen die Verantwortung für unsere Geschichte gegenüber den betroffenen Völkern, wie auch unserem Volk. Das bedeutet, zu erinnern und Erinnerungen zu bewahren. Erinnern ehrt die Opfer und soll auch neuerliche unmenschliche Entwicklung zwischen Menschen und Völkern verhindern.

Dabei können Sie uns helfen!

Sehr geehrter Herr Eika, als Bürgermeister der Stadt Fürstenwalde bitte ich Sie deshalb, zu der Gedenkfeier am 8. Mai, um 19.00 Uhr, im Alten Rathaus von Fürstenwalde zu sprechen.

Seien Sie unser Gast und geben Sie mir Gelegenheit, Sie schon am 21. April, wenn Sie in Fürstenwalde sein werden, kennenzulernen.

Hochachtungsvoll

gez.: Manfred Reim

Bürgermeister

Gedenkveranstaltung

zum 50. Jahrestag des Kriegsendes und der Befreiung von faschistischer Gewaltherrschaft

Am 08. Mai 1995, um 19.00 Uhr,

im Festsaal des Alten Rathauses von Fürstewalde/Spree

Programmfolge:

– Ansprache des Bürgermeisters Herrn Manfred Reim

"Stätten des Krieges und der Gewalt"

Dia–Installation von Friedrich Stachat; dazu erklingt eine Streichermusik von Alfred Schnittke.

– Fürstenwalder Schüler sprechen über das Erinnern des Geschehens vor 50 Jahren.

– Ansprache von Herrn Albrecht Eika, ehemaliger Häftling des KZ Sachsenhausen im Außenlager Fürstenwalde

"Stabat mater", Musik für Singstimme und Streichquartett von Thomas Ehricht

Veranstalter:

Stadtverwaltung Fürstenwalde

und Fürstenwalder Kulturverein e.V.

Begrüßungsansprache vom Fürstenwalder Bürgermeister Manfred Reim für die Gedenkfeier zum 50. Jahrestag der Beendigung des Krieges am 8. Mai 1995

Meine sehr geehrten Damen und Herren,

ich begrüße Sie zu unserer Gedenkfeier zum 50. Jahrestag des Endes des 2. Weltkrieges und der Befreiung vom Faschismus hier in den Räumen des Alten Rathauses sehr herzlich.

Besonders willkommen heiße ich Herrn Eika, der zu diesem Anlaß aus Norwegen zu uns gekommen ist.

Herr Eika war Insasse der Außenstelle Ketschendorf des Konzentrationslagers Sachsenhausen. Er wird heute noch Gelegenheit nehmen, Worte zu diesem Anlaß an uns zu richten.

Ich begrüße aus unserer polnischen Partnerstadt Choszczno sehr herzlich den stellvertretenden Bürgermeister, Herrn Waldemar Wlodarski und den stellvertretenden Vorsitzenden des Stadtparlaments, Herrn Zbigniew Lewandowski. Und das nicht nur, weil wir auf kommunaler Ebene partnerschaftlich verbunden sind, sondern weil wir diese Partnerschaft mit unserem östlichen Nachbarland nach der Wende ganz bewußt wieder aufgenommen haben.

Wenn wir Vertreter aus Choszczno zu dem heutigen Anlaß gebeten haben, mit uns des Endes des 2. Weltkrieges und der Befreiung vom Faschismus zu gedenken, dann deshalb, weil gerade Polen von den Exzessen des deutschen Faschismus im besonderen Maße betroffen war. Das bleibt unvergessen und ist nur annähernd wieder gutzumachen, wenn wir heute als Deutsche den Wohlstandsgraben an der Oder nicht als Grenze betrachten, sondern auf allen Ebenen versuchen, uns einander anzunähern und zu verständigen.

Die heutige Gedenkfeier soll auch dafür ein Zeichen setzen.

Ganz besonders freue ich mich, daß eine Reihe von Schülerinnen und Schülern, also Jugendlichen, sich dem Gedenken an eine Zeit öffnen, die für sie zwei Generationen zurückliegt.

Mein Dank gilt von dieser Stelle dem Fürstenwalder Kulturverein e.V., der für unsere Stadt und in Abstimmung mit der Stadt die heutige Gedenkfeier vorbereitet hat.

Sie ist dem 50. Jahrestag des Endes des schrecklichsten Krieges unseres

Jahrhunderts und unzweifelhaft der Befreiung der Deutschen und Europas von nationalsozialistischer Gewaltherschaft durch die Alliierten gewidmet. Deutschland und Europa wurden die Fesseln einer Ideologie der Gewalt genommen. Die Perversion im Mißbrauch von deutschen Tugenden, wie Fleiß, Gründlichkeit oder Zuverlässigkeit für Krieg und Zerstörung, ja industriell organnisierte massenhafte Vernichtung von Menschen hatte ein Ende.

Fremdbestimmung der Persönlichkeit und Menschenverachtung konnten neuen Ideen weichen.

Daß diese Befreiung von außen kam, war zum einen schlüssig, weil Deutschland die Gewalt nach außen getragen hatte, die nun mit Macht zurückkehrte.

Im Inneren des Landes waren zu viele der ideologischen Faszination erlegen und der Widerstand, der sich regte, ob einzeln oder kollektiv und aus den unterschiedlichsten politischen und persönlichen Motivationen reichte nicht aus als Gegengewicht zur Wirkung einer ausgeklügelten Propaganda.

Der nationalistische Faschismus in Deutschland nutzte die dunklen Seiten menschlicher Beziehungen in seinem Sinne zum Machterhalt und zur Ausweitung der Macht und zur Unterdrückung anderer. Die Geschichte und auch wir, suchten und suchen noch immer nach der Schuld, die die Ursachen setzte. Allein es reicht nicht, in pauschalen Schuldzuordnungen zu werten. Sie macht sich immer an Menschen, die stärker oder weniger daran beteiligt waren oder sind, fest.

Und – auch in Fürstenwalde – hat die Synagoge gebrannt.

Das sind historische Wahrheiten, die wir mit dem Abstand von 50 Jahren, ohne daran beteiligt gewesen zu sein, beruhigt festmachen können. Doch der Ruhe können wir uns noch lange nicht hingeben.

Mit der Befreiung vom deutschen Faschismus haben sich faschistoide und faschistische Ideologien längst nicht erledigt. Selbst die junge und jüngste Geschichte gibt uns Beispiele für ihre Auswirkungen. Ich denke dabei an den furchtbaren Brudermord in Kambodscha oder die unbegreiflichen Massaker in Ruanda oder das ethnische und religiös begründete Völkermorden im ehemaligen Jugoslawien.

Ich meine damit auch die Fanatiker terroristischer Anschläge und den politischen Mißbrauch religiösen Fanatismus.

Achtungszeichen setzen uns auch die 15 % der Wählerstimmen, die der französische Rechtsextremist Le Pen bei den französischen Präsidentschaftswahlen erreichen konnte. Und daß Fremdenhaß und Nationalismus im eigenen Land längst über Signalgebung hinaus sind und ihnen konsequent entgegengetreten werden muß, bleibt unumstritten.

Auch in unserer Stadt kleben Flugschriften der Deutschlandliga für Volk und Heimat an Laternenmasten!

Scheußlichkeiten und menschliche Perversion in Kriegen sind mit geografischem und historischem Abstand vielleicht bewertbar. Das Durchschauen der Erscheinungsformen im Alltag für jeden einzelnen bleibt jedoch problematisch.

Das machten uns auch die Augenzeugenberichte in der Veranstaltung am 19. April in der Kulturfabrik klar, die ganz und gar die eigene Betroffenheit reflektieren, ohne in der erdrückenden Kraft der Ereignisse nach Ursachen fragen zu können.

Dazu kann und muß auch Geschichtsbetrachtung beitragen.

Eine historische Sichtweite, die nicht heroisiert, sondern Ursachen und Wirkungen, Kausalitäten vergangener Höhen und Tiefen der menschlichen Entwicklung verstehen hilft.

So und aus einer gesicherten humanistischen Grundhaltung wird es möglich sein, die Gegenwart zu bewerten und bewußt menschlich zu gestalten.

Doch Sicherheit ist auch damit nicht verbunden, denn jede Generation ist in eigener Erfahrung der Welt gefährdet, Fehler zu machen und schon gemachte zu wiederholen.

Es hat in der Entwicklung der Menschheit bisher noch keine so makellose Form des Zusammenlebens gegeben, die Frieden und menschliches Zusammenleben absolut sichert. Es gibt nur bessere und untauglichere.

In der Folgezeit des verheerenden Krieges, der von uns Deutschen ausging, haben wir diese Erfahrung gemacht, sollten also auch auf deutschem Boden die Erkenntnisse gewonnen haben, daß am besten zusammenlebt, wer Achtung voreinander, Toleranz mit Andersdenkenden und Bereitschaft zur Selbstkorrektur praktiziert.

Das in die politische Form Demokratie zu gießen, ist uns seit der Wende möglich, fordert aber auch jeden von uns.

Demokratie ist kein Allheilmittel von außen oder von oben, sie will gestaltet sein. Sie ist so gut, wie wir sie leben.

Gedenken an das Ende des Krieges vor 50 Jahren heißt deshalb vor allem, die Gegenwart menschlich zu gestalten.

Ihnen, meine sehr geehrten Damen und Herren, hier im Raum, den Bürgerinnen und Bürgern unserer Stadt möchte ich deshalb zurufen, verstecken Sie sich nicht vor Gebärden selbstherrlicher Macht, resignieren Sie nicht in Erfahrung eines beschwerlichen Alltags. Negativismus und Pessimismus ebnen die Wege für neue Demagogie, für radikale Positionen der Macht.

Nehmen Sie sich Mut zum Mitmachen im Vertrauen auf die eigene Vernunft, zur Gestaltung einer menschlichen Gesellschaft und eines gedeihlichen Miteinanders, im Gedenken an das Ende des Krieges, der in Deutschland seinen Ursprung nahm und unsägliches Leid über Europa und schließlich auch über unser eigenes Land, unsere Stadt, brachte.

Ansprache von Herrn Albrecht Eika (Oslo), ehemaliger Häftling des KZ Sachsenhausen im Außenlager Fürstenwalde

Nach 50 Jahren

Am heutigen Tage erwartet man vielleicht einen Appell. Ich könnte über das Thema "Nie wieder!" sprechen, von der Gefahr der Neofaschisten warnen, oder mich über die Probleme der Einwanderer äußern. Das kommt aber nicht.

Statt dessen möchte ich Ihnen meine menschlichen Erfahrungen mitteilen:

Überall traf ich auf einige sehr gute aber auch auf einige sehr üble Menschen. In groben Zügen ist das meiste vorausbestimmt. Ein Unrecht zieht ein neues nach sich. Gute Taten lohnen sich. In unserem Dasein haben wir Menschen die Vorbilder nötig. In Kriegszeiten nennen wir sie Helden.

Im 2. Weltkrieg gab es militärische Spitzenleistungen, und ich denke dabei an Feldherren wie Rommel, Montgomery und Schukow, den U–Bootkapitän Prien und den Flieger Galland.

Meine Helden jedoch sind Männer wie Graf Moltke und Dietrich Bonhoeffer, aber auch der Häftling Peter Kolbe, der SS–Unterscharführer Paul Pörschmann und Wachtmeister Albert Schröder. In diesen Tagen wird in Norwegen der deutsche Oberstleutnant Theodor Stelzer geehrt.

Als Menschen tragen wir alle eine Verantwortung. Der Alltag des Friedens ist nicht so dramatisch wie die Tage im Krieg. Es gibt aber heute Opfer, die unsere Hilfe nötig haben.

Ich bin dankbar, daß man mir die Gelegenheit gab, heute hier zu stehen und meine Erfahrungen mit dieser Versammlung zu teilen. Vor 50 Jahren waren wir noch Feinde, zur selben Zeit aber alle auch Opfer einer wahnsinnigen Person.

Heute sind wir in der Wirtschaft Konkurrenten, dazu vielleicht politische Gegner. Wir sind aber auch Freunde mit einem gemeinsamen Ziel – einer menschlichen Zukunft. Herzlichen Dank, daß ich an dieser Feier teilehmen durfte.

Häftling im Dritten Reich

Im Schatten einer langen Reihe von neuen kriegerischen Greueltaten über der ganzen Erde, feiern wir heute das Ende des 2. Weltkrieges in Europa. Es gab ein Reich, das den ersten Angriff durchführte, und einen Sieger, der das Urteil gegen die Verantwortlichen aussprach.

Als eines der offiziellen Opfer des Nazismus wurde ich von der Stadt Fürstenwalde eingeladen, mich über diese Geschichte zu äußern. Es ist eine große Ehre, aber zugleich eine Herausforderung. Denn das Bild dieser Jahre, an die wir jetzt denken, besteht aus so unendlich vielen Einzelheiten, daß es für keinen möglich ist, die volle Übersicht zu bekommen. Außerdem besteht dieses Bild nicht aus Schwarz und Weiß, ja, es sind wohl wesentlich verschiedene Töne von Grau.

In ganz Europa sind Zeitungen, Zeitschriften, Rundfunk und Fernsehen einen Monat lang so voll von Geschichten aus der Nazizeit gewesen, daß die meisten schon lange satt davon sind. Es wurden zwar neue und interessante Einzelheiten veröffentlicht, nichts hat aber die Hauptzüge der früheren Eindrücke verändert. Der Nazismus war von Anfang bis Ende eine Serie von Schandtaten. Da Hitler von einer Mehrheit des deutschen Volkes unterstützt wurde, muß es also für den Krieg und die Verfolgung der vielen anderen Völker und der verschiedenen Minoritäten verantwortlich sein. Sehr viele im In– und Ausland haben es auch so empfunden.

Schon während des Krieges habe ich aber ein anderes Bild vor Augen gehabt, und fühle es als Aufgabe, alles in meiner Art zu beschreiben.

Die Machtergreifung

Wir wissen alle, daß die Zeit vor 1933 für ganz Europa sehr schwer war. In Deutschland machte der verlorene Krieg die Verhältnisse besonders schwierig. Für mich, wie für viele andere, trägt der Franzose Clemenceau die Hauptverantwortung. Sein Haß und seine Kurzsichtigkeit gab die Voraussetzung für den Nazismus. Ohne Clemenceau hätte es keinen Hitler gegeben.

Unser großes Glück nach dem 2. Weltkrieg war, daß man die Idee von Morgenthau verließ, und daß George Marshall drei Jahre lang amerikanischer Außenminister war. Im Interesse der Vereinigten Staaten half er Westeuropa auf die Füße, und das umfaßte auch den Hauptfeind Deutschland. In der Politik haben wir wohl nie deutlicher erlebt, daß es sich lohnt, langfristig zu denken und jedem zu helfen, der es nötig hat.

Es war natürlich eine Tragödie, daß Adolf Hitler 1933 zum Reichskanzler wurde. Keiner konnte aber die Konsequenzen übersehen. Und als er erst ans Ruder kam, war es zu spät. Eine unglaublich kleine Gruppe leitete die weitere Entwicklung. Und ein sehr wichtiges Mittel war, daß man sich die sadistischsten Gewaltpersonen aussuchte, und ihnen die dreckigsten Aufgaben überließ.

Wir wissen alle, daß die Arbeitslosigkeit verschwand, daß die Kriminalität schlagartig reduziert wurde, und daß eine Mehrheit der Deutschen zufrieden war...

Vor zwei Wochen sagte mir ein ehemaliger KZ–Häftling, daß, wäre Hitler 1938 gestorben, man ihn als einen der größten Deutschen der Geschichte geehrt hätte.

Meine Mutter war deutsch geboren, und wir gehörten in Norwegen dem deutschen Verein an. Ich kann mich noch erinnern, daß wir zur Machtergreifung anfangs positiv abwartend standen. Wir waren mehrmals in den Sommerferien in Deutschland auf Besuch. Meine liebevolle Großmutter, mit mehreren Juden in ihrem Bekanntenkreis, erwiderte trotzdem das "Heil Hitler" im Geschäft mit demselben Gruß.

Zu meinen Bekannten in Potsdam gehörte ein alter Postbeamter, der sich immer wieder gegen den Nazismus äußerte. Das machte auch das Hausmädchen, das offenbar einer kommunistischen Familie angehörte. Keiner von ihnen wurde aber ernstgenommen, sie verstanden ja nicht die neue Zeit...

In meiner norwegischen Familie erlebte ich dann, wie die gesamten Eindrücke der Politik auf uns wirkten. Und als unser deutscher Verein nach 2 bis 3 Jahren von Nazis übernommen wurde, schieden wir aus. Die Geschichte der 30er Jahre ist für mich ein Zeugnis menschlicher Unzulänglichkeit geworden. Jeden Tag müssen wir uns zu Problemen verhalten, deren Konsequenzen wir in voller Breite nicht absehen können. Unsere Gesetze verlangen, daß wir für unsere Taten und Untaten verantwortlich sind. Sehr oft entscheiden aber Zufälle, ob wir Schurken oder Helden werden.

Ein Geständnis

Bei einem Ferienbesuch in Potsdam wurde ich als 11jähriger mit zwei Gärtern in Sanssouci bekannt. Der eine gehörte der SA, der andere der SS an. Was ich sah und hörte, wirkte auf mich positiv.

Vier Jahre später war ich Zuschauer bei einem Länderkampf im Olympiastadion. Als Hitler eintraf, erhob sich jeder und machte den Hitlergruß. Ich auch. Das ärgert mich immer noch. Diese Erlebnisse wurden für mich aber keine Gefahr, weil ich von meinen Eltern sehr effektiv gegen den Nazismus geimpft worden war.

Ich war aber auch auf andere junge Menschen getroffen, deren norwegische Eltern den Segen Hitlers vorausgesehen hatten. Einer fiel an der Ostfront, ein anderer wurde zu drei Jahren Gefängnis verurteilt.

Ich fürchte, daß, wenn ich in derselben Lage gewesen wäre, ich heute nicht das Recht gehabt hätte, die Befreiung vom Nazismus zu feiern.

Der Krieg

Es besteht die Auffassung, daß sich die Wehrmacht in großen Zügen anständig benahm, und daß die SS eine Bande von Schweinehunden war. Ich habe nicht die Voraussetzung, ein ganz richtiges Urteil zu fällen. Es steht aber fest, daß auch die Wehrmacht schwere Verbrechen gegen die anerkannten Kriegsgesetze verursachte. Und das gilt nicht nur für den Feldzug gegen die Sowjetunion.

In Norwegen wurden zum Beispiel die Mannschaften von versenkten Kriegsschiffen in norwegische Uniformen eingekleidet. Man nahm Geiseln und zwang Zivilisten für sich zu arbeiten, während noch gekämpft wurde. Städte ohne irgendeinen militärischen Wert wurden zerbombt und total zerstört.

Der größte Teil der SS gehörte zur Waffen–SS und war in seinem Verhalten von den Einheiten des Heeres kaum zu unterscheiden.

Es ist viel besprochen worden, was der gewöhnliche Deutsche von den Konzentrationslagern, der Judenverfolgung und dem übrigen Naziterror eigentlich wußte. Mein Bericht gibt einen kleinen Teil der Antwort.

Eines Tages kommt der Leiter des Arbeitskommandos, ein SS–Oberscharführer, sehr aufgeregt und erzählt, was er von den Verhältnissen im Hauptlager gehört habe. "Das kann doch aber nicht wahr sein!?", beendete er seinen Bericht. Wir erzählten ihm dann, wie es war. Es fiel ihm schwer zu verstehen, daß sich Menschen gegen hilflose Individuen so benehmen konnten.

Die Konzentrationslager hatten eine ganz besondere Organisation. Die Häftlinge selber sollten das meiste tun, unter der Leitung eines Lagerältesten, Blockältesten oder Vorarbeiters. Sogar die Henker waren Häftlinge. Die SS–Führung bestand aus einer verhältnismäßig kleinen Anzahl Männern, die natürlich alles fest in der Hand hatten und sehr viel auf Gegensätze zwischen den einzelnen Gruppen von Häftlingen bedacht waren. Denn dort waren ja nicht alles nur politische Gegner. Viele ware Berufsverbrecher, weiter gab es Asoziale, Homosexuelle, Bibelforscher, frühere Angehörige der Wehrmacht und der SS. Mehrere Häftlinge wurden nach dem Krieg wegen ihrer Verbrechen im Lager verurteilt. Im Frauenlager Ravensbrück wurde eine inhaftierte Frau zum Tode verurteilt, beging aber vor der Vollstreckung Selbstmord.

Im letzten halben Jahr meldeten sich viele deutsche Häftlinge zum Frontdienst, dazu noch einige von anderen Nationen.

Fürstenwalde/Bad Saarow

In Sachsenhausen gab es mehr als 100 Außenkommandos, wo Häftlinge zu verschiedenen Arbeitsaufgaben eingesetzt wurden. Ein solches Lager lag bekanntlich südlich von Fürstenwalde, um Hilfskräfte für den Bau des Nachrichtenbunker "Fuchsbau" zu bekommen. Das Lager hieß Bad Saarow, obwohl das geographisch nicht stimmte. Anfangs hatte es einen schlechten Ruf. Die Arbeit war sehr hart, und viele Häftlinge gingen nach kurzer Zeit bald in das Hauptlager als sogenannte 'Muselmanen' zurück.

Anfang 1944 verbesserte sich die Lage sehr. Für die deutsche Führung wurde es wichtiger, die vorhandenen Arbeitskräfte auszunutzen, als sie zu mißhandeln. Auf die Baustelle Fuchsbau kam Unterscharführer Pörschmann, der sich den Häftlingen gegenüber immer korrekt benahm. Der SS–Lagerführer war im Gegensatz zum Vorgänger auch anständig.

Das Leben der Häftlinge im Lager war aber dennoch sehr kompliziert. Die Zuteilug von Nahrungsmitteln war knapp, für jeden gab es dasselbe, ob groß oder klein, schwere oder leichtere Arbeit. Die Kleidung war schlecht. Es gab keinen Arzt im Lager, nur einen russischen Sanitäter. Das führte zu vielen Todesfällen.

Die Unsicherheit war schwer zu ertragen. Wir erlebten, daß ein Posten einem Häftling die Mütze herunterriß und ihn dann beim Holen der Mütze erschoß. Das gab Sonderurlaub für den Posten.

Wenn irgend etwas am Arbeitsplatz kaputt ging, riskierte man ein Todesurteil wegen Sabotage. Wir erlebten mehrmals Hinrichtungen durch den Strang. Heute ist es unheimlich, daran zu denken, wie abgestumpft wir damals als Zuschauer dastanden. Neben dem Fuchsbau wurde auch an Baracken gebaut, und es gab ein Kommando für den Wegebau. Auf diesen Arbeitsplätzen hatte man auch zivile Deutsche, meistens Handwerker und Spezialisten für technische Ausrüstungen eingesetzt. Ein persönlicher Kontakt mit den Häftlinngen war natürlich unerwünscht, konnte aber auch nicht ganz unterbunden werden.

Einige dieser Zivilisten kamen aus Fürstenwalde. Ich kenne keinen von ihnen, der sich schlecht benommen hätte. Sie hatten im Gegenteil Verständnis dafür, daß wir keinen großen Einsatz leisteten, und alle sehnten sich nach Frieden.

Besonders ist mir der Brunnenbaumeister Nielsen im Gedächtnis. Er war ein guter Mensch. Ich habe Paul Pörschman schon erwähnt. Ohne Zweifel rettete er das Leben mehrerer Kameraden. Wenn die Arbeit zu schwer wurde, verschaffte er leichtere Aufgaben. Der eine war Franzose und wurde bei der SS Putzer. Dadurch bekam er Zugang zu einem Rundfunkgerät, und das gab uns bei größter Geheimhaltung täglich Nachrichten aus London. Als ich Pörschmann nach dem Krieg traf, erzählte er lächelnd, daß ihm dieses Geheimnis wohlbekannt war.

Zu Weihnachten stahlen wir eine kleine Fichte im Wald und schmückten sie für den SS–Unterscharführer. Als Gegenleistung bekam jeder im Baukommando einen kleinen Kuchen.

Jeden Tag aber gingen die Gedanken zum Kriegsende, das immer näher kam. Würden wir es erleben?

Heute wissen wir, daß die SS die Ermordung sämtlicher Häftlinge plante.

So ging es aber nicht, und dadurch kann ich Euch heute erzählen, wie die Geschichte damals war.

8. Mai 1945/95

Beitrag Fürstenwalder Schüler zur Gedenkstunde im Alten Rathaus

(Doreen:) Der 8. Mai ist der Tag der bedingungslosen Kapitulation des faschistischen Deutschlands, für Europa das Ende eines unmenschlichen, bis zum Verbluten geführten Krieges. Millionen Menschen starben, davon sechs Millionen – meist Juden – in den Vernichtungslagern. Das Dritte Reich hinterließ ein unfaßbares Leid und Elend, das nicht wiedergutzumachen ist. Für die Opfer wird der Traum wahr, endlich wieder in Freiheit und Frieden leben zu können. Für andere ist er ein Tag der Niederlage, das Ende eines rassistischen Fanatismus, der Zusammenbruch ihres menschenverachtenden Weltbildes und Wertsystems und der Verlust ihrer Identität.

Heute, nach fünfzig Jahren gedenken wir dieser Zeit. Und da taucht ja auch ganz automatisch die Frage auf, ob denn dieses Datum für uns, die nachfolgenden Generationen, überhaupt noch eine Bedeutung hat.

Fragt man heute Jugendliche, was ihnen zum 8. Mai einfällt, wird man nicht selten hören: "Da schreibe ich eine Erdkundeklausur. Da ist ein Konzert. Da hat ein Freund Geburtstag. Oder: Da bin ich im Kino verabredet." – Man ist mit Angeboten von allen Seiten vollgestopft, das Aussortieren fällt schwer. Außerdem gibt es immer noch Leute, die immer noch nicht begriffen haben, daß sich die Verbrechen, die damals an Menschen verübt wurden, heute wiederholen, wenn sie Ausländerheime anzünden. Und gerade deshalb ist es wichtig, daß man sich an die Vergangenheit erinnert.

(Hannes:) Aber solche Leute werden wohl kaum hierherkommen, denn sie glauben, hier mit ihrer Meinung von den "Moralisten" unterdrückt zu werden. Außerdem kann die Hälfte der Jugendlichen nur sehr wenig mit diesem Datum anfangen, weil es für sie dringendere Probleme gibt. Sogar ein Drittel meint, daß dieses Thema überhaupt keine Bedeutung für sie hat, was auch irgendwo der Wahrheit entspricht.

(Doreen:) Dennoch ist es wichtig, daß das Wissen um die Vergangenheit weitergegeben wird, und daß die, die noch wach sind, vor dem Einschlafen gerettet werden. Und zwar nicht nur durch den Geschichtsunterricht, sondern auch durch Menschen, die die Zeit selbst miterlebt haben.

(Hannes:) Allerdings haben mir meine Großeltern fast gar nichts über den Krieg erzählen wollen. Stattdessen haben sie alles, was damit im Zusammenhang steht, verdrängt oder versucht, zu vergessen – so wie viele andere auch. Nur kann ich sie deshalb nicht verurteilen, weil ich nicht weiß, wie ich an ihrer Stelle mit der Situation umgegangen wäre.

(Doreen:) Bloß, wenn man sich nicht damit auseinandersetzt, wächst auch die Gefahr, daß sich so etwas wiederholt. Schließlich müssen wir an unsere Zukunft denken. Ich glaube, gerade heute gibt es viele Konflikte, die man nur lösen kann, wenn man um die Vergangenheit weiß und Schlüsse aus ihr zieht.

(Hannes:) Ich weiß, daß in dem von Deutschland begonnenen Krieg 57 Millionen Menschen sterben mußten, aber ich verstehe nicht, warum es hierzulande noch keine Gesetze gibt, die den Rüstungsexport komplett verbieten.

Ich weiß, daß unter den Nazis Juden mit einem gelben Stern kenntlich gemacht wurden, aber ich verstehe nicht, warum unsere Gesetzgeber scheinbar nicht begreifen, was für eine Erniedrigung es für Asylbewerber sein muß, mit Lebensmittelkarten an einer gesonderten Kasse zu bezahlen.

Ich weiß, daß während des zweiten Weltkrieges Deserteure der "Wehrkraftzersetzung" angeklagt und hingerichtet wurden, aber ich verstehe nicht, weshalb Kriegsdienstverweigerer aus dem ehemaligen Jugoslawien in ihre Heimat abgeschoben werden sollen.

Und ich begreife nicht, daß es zum guten politischen Ton gehören soll, wenn Helmut Kohl die Einladung Jelzins annimmt, der eine Militärparade auf dem Moskauer Roten Platz anläßlich des 9. Mai abhält, während die Tschetschenen weiter um ihre Freiheit kämpfen.

Und ich begreife nicht, warum in dieser Zeit des Trauerns die schäbige Debatte um Entschädigung wieder aufgerollt wird. Das Begangene kann man doch niemals mit Geld bezahlen wollen. Stattdessen sollte man lieber gemeinsam Kindersanatorien und Seniorenheime bauen, oder beim Wiederaufbau von Mostar, Sarajewo und anderswo helfen.

(Doreen:) Das stimmt schon. Aber es gibt auch positive Entwicklungen: Die Viadrina in Frankfurt (Oder) und die vielen Freundschaften, die durch Jugendaustauschprogramme entstanden sind. Das wären zwei Beispiele. Über achtzig Prozent der deutschen Jugendlichen betrachten den 8. Mai als Tag der Befreiung, und noch mehr Jugendliche halten die Beziehungen zu den Nachbarstaaten für sehr wichtig. Hier liegt die ein-

malige Chance, die der heutige Abstand und doch die geschichtliche Nähe bietet. Wir wissen um die Vergangenheit und können doch in die Zukunft schauen. Das "Darüber–Reden" und der Umgang mit Fremden fällt uns leichter als noch unseren Eltern. Genau da liegt unsere Aufgabe. Die Erfahrung zu leben und weiterzugeben, daß die Freiheit des Einzelnen Voraussetzung für eine friedliche Welt ist, daß sie nie wieder einer Ideologie geopfert werden darf, und daß der Respekt vor der Würde des Menschen bewahrt und geschützt bleiben muß.

Zwei Gedichte, ausgewählt von Schülern

Marie Luise Kaschnitz

Von der Stille

Niemand war, der hätte sagen können: Dieses ist die letzte Luftwarnung, dieses das letzte Rollen der Artillerie, dieses der letzte vereinzelte Schuß.

Darum horchten wir noch immer den Geräuschen des Krieges nach, ungewohnt der Stille,

ungeübt im stetigen Schlaf.

Aber bei dem neuen großen Erlebnis des Schweigens entsprechen doch Nerven und Sinne sehr rasch und fast automatisch den veränderten Umständen, die der Verstand ermißt.

Die schutzsuchende Bewegung,

der hastige Griff nach den rettenden Dingen unterbleibt schon am ersten Tag.

Der Körper hat die ruhige Vernunft der Tiere oder der Pflanzen, die sich anpassen,

ohne Erinnerung,

ohne Furcht.

Aber das Bewußtsein erstaunt über sich selbst:

Was für ein Wunder ist der Friede, daß er so in jedem einzelnen anheben kann.

Denn noch ist nichts entschieden, nichts allgemein.

Noch wird an viele Orten gekämpft, und Heere durchziehen das Land.

Ob auch kein Schuß mehr fällt, ballen sich doch neue Bedrohungen gleich finsteren Wolken am Horizont.
Aber nicht heute, nicht hier.
Hier und heute ist Frieden.

Jörg Zink

Lange stand ich vor der schmalen Holzbrücke,
die sich mit ihren sanften Bogen spiegelte.
Es war eine Brücke zum Hin– und Hergehen,
hinüber und herüber. Einfach so,
des Gehens wegen und der Spiegelungen.

Die Trauer ist ein Gang hinüber und herüber.
Hinüber, dorthin, wohin der andere ging.
Und zurück, dorthin, wo man mit ihm war
alle die Jahre des gemeinsamen Lebens.

Und dieses Hin– und Hergehen ist wichtig.
Denn da ist etwas abgerissen.
Die Erinnerung fügt es zusammen, immer wieder.
Da ist etwas verlorengegangen.
Die Erinnerung sucht es auf und findet es.
Da ist etwas von einem selbst weggegangen.
Man braucht es. Man geht ihm nach,
Man muß es wiedergewinnen, wenn man leben will.

Man muß das Land der Vergangenheit erwandern,
hin und her, bis der Gang über die Brücke
auf einen neuen Weg führt.

Der "Fuchsbau" in den Jahren 1945 bis 1995

Zunächst kümmerte sich niemand um den "Fuchsbau". Am Ende der 50iger Jahre begann die Oberförsterei Kolpin mit vorbereitenden Arbeiten, um den "Fuchsbau" wieder einer Nutzung zuzuführen. In den Röhren des Bunkers mit einem feuchten Klima sollten Champignons gezüchtet werden. Zu einer Verwirklichung dieser Idee kam es nicht mehr.

Nach 1960 nahm der Luftschutz Berlin die unvollendete Bunkeranlage in Besitz und führte einige kleinere Erweiterungsarbeiten aus. Wenig später, 1963, übernahm die Nationale Volksarmee der DDR (NVA) den Bunker. Sie machten daraus zunächst den Wechselgefechtsstand für den in Strausberg befindlichen ZGS–14 (Zentralen Gefechtsstand 14).

Im Jahre 1976 begannen umfangreiche Erweiterungsarbeiten, welche 1978 abgeschlossen wurden. Es entstand ein zweiter Bunker nach damals modernsten Gesichtspunkten. Das Röhrensystem des alten "Fuchsbaus" wurde erweitert, mit dem zweistöckigen Bunker der NVA verbunden und gemeinsam mit diesem genutzt. Der Zentrale Gefechtsstand 14 wurde nach Fürstenwalde verlegt.

Insgesamt nahm die Anlage jetzt eine Fläche von 7.681 m^2 und ein Volumen von 13,211 m^3 ein. Sie war für 20 Stunden völlig hermetisch abzuriegeln und sollte vor betonbrechenden Bomben bis 250 kg TNT und vor taktischen Kernwaffen bis 5 kp/cm^2 schützen. Daß auch ein Schutz gegen chemische und biologische Waffen vorgesehen war, versteht sich von selbst. Das ganze Vorhaben stand unter strengster Geheimhaltung. Die Geheimhaltung begann schon beim Namen. Die offizielle Bezeichnung in allen nicht geheimen Dokumenten und im allgemeinen Sprachgebrauch hieß: RBZ Raduga–Forschungs– und Beobachtungszentrum (Raduga, russ. für Regenbogen). Damit sollte der Eindruck erweckt werden, daß es sich um eine Einrichtung der Weltraumforschung handele. Eine solche Funktion hätte auch die Geheimniskrämerei bei diesem Objekt für den Durchschnittsbürger verständlich machen können.

Vor Aufnahme des Dienstbetriebes gab es ernsthaft den Plan, auch das Personal zu tarnen. Nach einer Variante sollten die Soldaten das Kasernengelände nur in ziviler Kleidung verlassen. Eine zweite Variante schrieb für das Personal Uniformen der Deutschen Post vor. Aus diesen Verkleidungen wurde jedoch nichts. Die Ursachen dafür lassen sich heute nur vermuten. Eine der Vermutungen aus Fachkreisen besagt, daß es den höheren Militärs wohl zu unmilitärisch gewesen wäre.

Nachrichtenbunker "Fuchsbau"

Zentrale der Luftraumüberwachung

Die äußerste Geheimhaltung begründete sich auf der Tatsache, daß im "Fuchsbau" alle Fäden der militärischen Luftraumüberwachung und der Luftverteidigung zusammenliefen. Ein "Diensthabender" im Range eines Obersten oder Oberstleutnants hatte für das gesamte Personal im System der Luftverteidigung Befehlsgewalt. Das betraf die diensthabenden Führungsorgane, Funkmeßtruppen sowie an aktiven Kräften etwa 10 Jagdflieger, 6 Hubschrauber und 12 Flugzeug–Abwehr–Raketen–Abteilungen.

Auf dem Gelände war auch ein Nachrichtenbataillon stationiert, welches nicht direkt dem ZGS–14 unterstellt war.

Der Dienst wurde in verschiedenen sog. Gefechtsabschnitten verrichtet, z.B. im Aufklärungs– und Informationszentrum, oder als Flugkontrolle mit zentraler Wetterwarte usw.

Neben dem Luftverteidigungsauftrag wurden eine Reihe weiterer Aufgaben von dieser Einheit übernommen. So wurden z.B. Regierungsflüge gesichert und bei Luftnotfällen wurde Hilfe geleistet.

In der turbulenten Zeit der Wende, um 1990, gab es manche Veränderung im Dienstbetrieb des ZGS–14.

In der Nacht vom 2. zum 3. Oktober 1990 tauschte das Personal des diensthabenden Systems ihre NVA–Uniform gegen die Uniform der Bundeswehr aus. Aus dem ZGS–14 der NVA war damit der Gefechtsstand "Luftverteidigungssektor 5" der Bundeswehr geworden.

Auch die Bundeswehr veränderte einiges in und am "Fuchsbau". So wurden die Unterkünfte modernisiert, und im militärischen Bereich wurde moderne Elektronik eingesetzt. Die militärischen Aufgaben der Bundeswehr blieben im Prinzip die gleichen wie die bei der NVA und betrafen auch das gleiche Territorium, die fünf neuen Bundesländer. Im Zusammenhang mit den gravierenden Veränderungen nach der Wende ist sicher auch der Besuch des Bundespräsidenten v. Weizsäcker im LV 5 zu sehen.

Trotz mancher interessanter Begebenheiten in der Bundeswehrzeit des Bunkers, die Zeit der Bundeswehr blieb eine kurze Episode.

Die moderne Kriegsführung stellt andere Anforderungen an einen Gefechtsstand der Luftverteidigung. Es ist nicht mehr sinnvoll sich unter die Erde zu verkriechen. Die hohen Kosten, die der Betrieb eines Bunkers z.B. durch die ständige Klimatisierung verursacht, trugen auch dazu bei, den Standort 1995 aufzugeben.

Eine neue Nutzung für den Bunker zu finden, war nicht möglich. Die Unterhaltungskosten sind einfach zu hoch.

Ein Nachkommando entsorgte die Anlagen und Geräte. Dann wurde der Bunker versiegelt. Der "Fuchsbau" ist seitdem nicht mehr zugänglich. Er wird jedoch der Nachwelt als stummer Zeuge dreier politischer Systeme erhalten bleiben, schon weil es viel zu aufwendig wäre, ihn abzureißen. Auf dem Gelände mit den Unterkunftsgebäuden der NVA ist heute eine Einheit des Bundesgrenzschutzes stationiert.

Sichtbare Reste des Lagers im Wald an der Autobahn bei Fürstenwalde

Inhalt